Profitwirtschaft im Visier

Der ausstehende Paradigmenwechsel

Walter Ponner

©2019 Walter Ponner

Umschlaggestaltung: tredition GmbH, Halenreihe 40-44, 22359 Hamburg

Verlag & Druck: tredition GmbH, Halenreihe 40-44, 22359 Hamburg

ISBN: 978-3-7497-9397-6 (Paperback)

ISBN: 978-3-7497-9398-3 (Hardcover)

ISBN: 978-3-7497-9399-0 (e-Book)

Bibliografische Information der Deutschen Nationalbibliothek: Die Deutsche Nationalbibliothek verzeichnet diese Publikation in der Deutschen Nationalbibliografie; detaillierte bibliografische Daten sind im Internet über http://dnb.dnb.de abrufbar.

Inhaltsverzeichnis

1 Vorbemerkungen

Ein großer Traum der Menschheit, in einer Gesellschaft zu leben, in der Freiheit und soziale Gerechtigkeit für alle Mitglieder eines Gemeinwesens zum Alltag gehören, ist wahrscheinlich so alt wie die menschliche Zivilisation selbst. Alle Bestrebungen in der Vergangenheit bis in die Neuzeit sind bisher an einer Verwirklichung dieser Sehnsucht gescheitert. Es steht außer Zweifel, dass die Menschheit die größten Fortschritte in Wissenschaft und Technik, im Gesundheitswesen und in vielen anderen Bereichen des gesellschaftlichen Lebens unter kapitalistischen Bedingungen erzielt hat. Was unter diesen Bedingungen jedoch bisher nicht erreicht wurde ist die Herstellung von Chancengleichheit und sozialer Sicherheit für alle Mitglieder eines Gemeinwesens, wobei ich unter Chancengleichheit die uneingeschränkte Möglichkeit der individuellen Teilhabe aller Mitglieder des Gemeinwesens am gesellschaftlichen, kulturellen und politischen Leben verstehe, ohne der Gleichmacherei das Wort zu reden.

In vielen Veröffentlichungen, Talkshows und Sendungen zum Zeitgeschehen werden die sozio-ökonomische Missstände in den Mitgliedsländern der Europäischen Union und der Welt häufig angesprochen. Es geht u.a. um soziale Gerechtigkeit, um wachsende Ungleichheit bei den Einkommen, um Langzeitarbeitslosigkeit und Bildungschancen, um Kinder- und Altersarmut, um den Umgang mit Flüchtlingen, um die Schwierigkeiten bei der Gestaltung der Zusammenarbeit zwischen den Mitgliedsländern der EU, um nur einige zu nennen.

Bekanntlich gibt es die unterschiedlichsten Vorstellungen darüber, wie Fehlentwicklungen im sozio-ökonomischen Bereich behoben werden können. Manche sind der Auffassung, dass sich die zu beobachtenden Defizite durch die Förderung eines volkswirtschaftlichen Wachstums und das Zusammenspiel der Marktkräfte automatisch von selbst beheben. Andere setzen darauf, dass durch die Umverteilung der Einkommen von Oben nach Unten soziale Sicherheit und Gerechtigkeit erreicht werden können. Teilweise macht man die Gier der Manager für ökonomische Entgleisungen in der Volkswirtschaft, wie z.B. bei der Bankenkrise, verantwortlich und hofft durch Regulierung der Prozessorganisation im Finanzsektor derartige Entwicklungen auszuschließen. In Wahlversprechungen und Parteiprogrammen wurden immer wieder auf die eine oder andere Weise Vorhaben und Maßnahmen zur Behebung sozio-ökonomischer Missstände verkündet, und das über Jahrzehnte. Die erhofften Veränderungen sind nicht eingetreten und die Gesellschaft ist tiefer gespalten als je zuvor. Das gegenwärtige Denken vieler Menschen scheint zunehmend durch überkommene, traditionell bedingte Denkmuster, die ein kreatives Infragestellen von Sachverhalten ausschließen, überlagert zu sein. Ich denke, dass auch hier zum Teil die Ursachen für eine europaweite Zunahme rechtsradikaler und nationalistischer Strömungen zu suchen sind.

Wie könnte eine in sich schlüssige Vision für die zukünftige Gestaltung unserer Gesellschaft in den nächsten Jahrzehnten aussehen? Welche vorausschauenden Strategien benötigen wir zur Lösung der anstehenden sozio-ökonomischen Probleme in Deutschland, Europa und der Welt, wenn wir dramatische, wenn nicht sogar katastrophale Fehlentwicklungen in unserer Gesellschaft vermeiden wollen?

Wie ist der erforderliche Paradigmenwechsel zu gestalten, wenn er gesamtgesellschaftliche Akzeptanz finden soll und die Gesellschaft eint anstelle sie zu spalten?

Wir brauchen eine Vision für ein zu schaffendes Gemeinwesen, in dem umfassende Freiheit des Einzelnen und soziale Gerechtigkeit für alle im Sinne von Chancengleichheit und sozialer Sicherheit als Allgemeingut dauerhaft gewährleistet sind, Gleichmacherei und Langzeitarbeitslosigkeit vermieden werden, die Dynamik und Effektivität profitorientierter Marktwirtschaften bei der Entwicklung und Einführung von Sachgütern und Dienstleistungen erhalten bleiben und die Gesellschaft ihre gesamten Tätigkeiten so ausrichtet, dass diese im Einklang mit den Anforderungen an die Erhaltung der Umwelt stehen.

Insbesondere müssen wir Antworten auf folgende Fragestellungen finden, wenn wir uns auf den Weg begeben wollen, eine solche Vision Wirklichkeit werden zu lassen:

- Können bei kompletter Beibehaltung der aktuellen Systemorganisation Chancengleichheit und soziale Sicherheit als Allgemeingut nachhaltig gewährleistet werden, oder mit anderen Worten, können die eingangs aufgeführten sozio-ökonomischen Missständen in einer rein profitorientierten Marktwirtschaft dauerhaft behoben werden?

- Worin liegen die tieferen Ursachen für sozio-ökonomische Fehlentwicklungen?

- Weshalb verschärfen sich die sozio-ökonomischen Widersprüche zwischen den führenden Volkswirtschaften der Welt?

In den nachfolgenden Ausführungen habe mir in keiner Weise das Ziel gestellt die zu beobachtenden sozio-ökonomischen Missstände und Fehlentwicklungen in den kapitalistischen Volkswirtschaften detailliert aufzulisten und einer kritischen Analyse zu unterziehen, sondern unternehme aus system-theoretischer Sicht den Versuch die Entwicklungstendenz profitorientierter Marktwirtschaften anhand definierter System-Modelle für geschlossene bzw. offene Volkswirtschaften vorherzusagen. Dabei bin ich stets bemüht volkswirtschaftliche Zusammenhänge, soweit wie möglich, mathematisch abzubilden und zu überprüfen, ob die Ergebnisse einer letztlich theoretischen Analyse in der objektiven Realität ihre Widerspiegelung finden. Die Systemgleichungen für geschlossene bzw. offene Volkswirtschaften habe ich aus meiner Veröffentlichung „Ratio versus Profit"[1] übernommen, weil sonst die nachfolgenden Ausführungen nicht schlüssig nachvollziehbar sind. Im Zusammenhang damit zeige ich gleichzeitig, wie sich diese Gleichungen aus allgemeinen systemtheoretischen Überlegungen ableiten lassen.

---

[1]Walter Ponner, „Ratio versus Profit", 2016, Verlag: tredition GmbH, Hamburg

2 Allgemeine Systemdefinition

Ein System ist die Gesamtheit von Elementen, d.h. systemrelevanten Grundbausteinen, die miteinander in Wechselwirkung stehen und die Systemeigenschaften bestimmen. Man unterscheidet geschlossene und offene sowie dynamische und statische Systeme. Offene Systeme stehen in Wechselwirkung mit der Umgebung. Der Zustand dynamischer Systeme ist im Unterschied zu statischen Systemen zeitabhängig.

Die Systemeigenschaften hängen ab von

- der Art und Weise der Wechselwirkungen zwischen den Elementen

- der Systemstruktur

- den systemrelevanten Prozessabläufen

- den Wechselwirkungen mit dem Umfeld bei offenen Systemen.

Subsysteme sind integraler Bestandteil übergeordneter Systeme.

3 Allgemeine Definition der Volkswirtschaft als sozio-ökonomisches System

Zu den **Elementen** einer Volkswirtschaft zählen

- alle Produktions- und Dienstleistungsunternehmen

- alle staatlichen Verwaltungsorgane

- alle Personen in den Privathaushalten des Gemeinwesens

Die **Art und Weise** der Wechselwirkungen zwischen den Elementen der Volkswirtschaft wird über gesetzliche Regelungen und Vorschriften gewährleistet.

Die **Systemstruktur** ist durch die Aufbauorganisation aller Bereiche des Gemeinwesens einschließlich der Volkswirtschaft gegeben.

Zu den **systemrelevanten Prozessabläufen** gehören

- der Austausch von Informationen zwischen den Wirtschaftseinheiten

- der Austausch von Produkten und Dienstleistungen auf monetärer Basis über Angebot und Nachfrage

- die Regulierung der Finanzströme zwischen den Wirtschaftseinheiten

- die Export- Import-Beziehungen zwischen Volkswirtschaften.

Die **Wechselwirkungen mit dem Umfeld** erfolgen bei offenen Volkswirtschaften über die Außenwirtschaftsbeziehungen. Dabei ist ein Austausch von Gütern, Finanzen, Kapital und Arbeitskräften möglich.

Offene Volkswirtschaften sind vergleichbar mit geschlossenen Volkswirtschaften, die durch Außenwirtschaftsbeziehungen überlagert werden. Reale Volkswirtschaften sind offene Volkswirtschaften, während die Weltwirtschaft als geschlossene Volkswirtschaft anzusehen ist. Unter diesem Aspekt sind reale Volkswirtschaften Subsysteme der Weltwirtschaft.

4 Definition der Systemmodelle für eine geschlossene bzw. offene Volkswirtschaft

Die reale Volkswirtschaft besteht aus einer Vielzahl von Produktions- und Dienstleistungsunternehmen der unterschiedlichsten Art sowie aus Verwaltungsorganen, die die Rahmenbedingungen für die volkswirtschaftlichen Prozessabläufe und das Zusammenleben der Menschen festlegen und überwachen. Die Produktions- und Dienstleistungsunternehmen, die Verwaltungsorgane und die der Volkswirtschaft zuzurechnende Bevölkerung sind für mich die Elemente der Volkswirtschaft, die ich im Weiteren als Wirtschaftseinheiten bezeichne. Es ist offensichtlich, dass die konkreten Sachverhalte der einzelnen Wirtschaftseinheiten in einem volkswirtschaftlichen Modell keine Berücksichtigung finden können. Deshalb habe ich gleichartige Wirtschaftseinheiten zu Wirtschaftskomplexen zusammengefasst und auf dieser Grundlage die System-Modelle definiert. Unter Volkswirtschaft verstehe ich die Summe aller Wirtschaftseinheiten eines Landes und deren Gesamtheit an Produktions- und Austauschprozessen. Wirtschaftseinheiten sind Produktions- und Dienstleistungsunternehmen, private Haushalte, Banken und der Staat. Die Privathaushalte umfassen die Gesamtheit aller Personen, die der Volkswirtschaft zuzurechnen sind. Infolge ihrer volkswirtschaftlich übergreifenden Bedeutung betrachte ich die Banken im Unterschied zu den anderen Dienstleistungsunternehmen als gesonderte Wirtschaftseinheiten, die über die Finanzwirtschaft mit allen anderen Wirtschaftseinheiten der Volkswirtschaft verbunden sind. Auch dem Staat mit seinen gesamtgesellschaftlich übergreifenden Verwaltungs- und Regulierungstätigkeiten, der insbesondere die Rahmenbedingungen für die Organisation der volkswirtschaftlichen Prozessabläufe definiert, ist eine Sonderstellung einzuräumen. Die Wirtschaftseinheiten fasse ich zu folgenden Wirtschaftskomplexen zusammen:

- **Produktionskomplex** (Pk)

  Gesamtheit aller Produktionsunternehmen, von der Produktion der Betriebsmittel und Werkstoffe bis zur Herstellung von Sachgütern für den Markt.

- **Dienstleistungskomplex** (Dk)

  Gesamtheit aller Dienstleistungsunternehmen außer Banken.

- **Bankenkomplex** (Bk)

  Gesamtheit aller Banken.

- **Staatskomplex** (Stk)

  Gesamtheit aller staatlichen Verwaltungsorgane.

- **Personenkomplex** (Psk)

  Gesamtheit aller Personen in den Privathaushalten, die zur Volkswirtschaft gehören.

In Abhängigkeit von ihrer Stellung in den Produktions-, Dienstleistungs- und Austauschprozessen habe ich alle Personen der Privathaushalte volkswirtschaftlichen Personengruppen (Pg) zugeordnet. Dazu gehören:

- $Pg_{1.a}$ - alle Mitarbeiter in den Unternehmen des Produktionskomplexes

- $Pg_{2.a}$ - alle Mitarbeiter in den Unternehmen des Dienstleistungskomplexes

- $Pg_{3.a}$ - alle Mitarbeiter in den Unternehmen des Bankenkomplexes

- $Pg_{4.a}$ - alle Mitarbeiter im Staatskomplex (Bund, Länder, Gemeinden)

- $Pg_{5.a}$ - Rentner und Pensionäre

- $Pg_{6.a}$ - Arbeitslose und Sozialhilfeempfänger

- $Pg_{i.b}$ - Personen, die durch die $Pg_{i.a}$ mitversorgt werden, i=1 bis 6.

Die Wirtschaftskomplexe sind aufs Engste über den Austausch von Sachgütern und Dienstleistungen sowie über staatlichen Abgaben und Kredite miteinander verbunden.

Zu den Sachgütern, Dienstleistungen und staatlichen Abgaben zähle ich folgende Positionen:

Sachgüter

- S_1 - Individualsachgüter zur Befriedigung individueller Bedürfnisse

- S_2 - Kollektivsachgüter zur Befriedigung kollektiver Bedürfnisse

- S_3 - Dienstleistungssachgüter zur Aufrechterhaltung der Dienstleistungen

- S_4 - Exportsachgüter (Individualsachgüter, Kollektivsachgüter, Dienstleistungssachgüter, Produktionsmittel)

- S_5 - Produktionsmittel (Betriebsmittel, Werkstoffe)

Dienstleistungen

- Allgemeine Dienstleistungen, die durch den Dienstleistungskomplex erbracht werden (ADL)

- Finanzdienstleistungen durch Banken
    - Kreditgeschäfte mit Kredittilgungen (Krt) und Kreditzinsen (Krz)
    - Sonstige Finanzdienstleistungen , wie Verwaltung von Geldanlagen, führen von Konten ect. (SFDL)

Staatliche Abgaben (StAb)

- Steuern und Sozialversicherungsbeiträge

Die Austauschprozesse zwischen den Wirtschaftskomplexen erfolgt mittels des Geldes auf der Grundlage gesetzlicher Regelungen und Vorschriften. Sie sind durch eine Gesamtheit von Wirtschaftsparametern gekennzeichnet, die über Input-Output-Prozesse miteinander verbunden sind.[2]

---

[2]Die in dieser Publikation verwendeten Symbole werden an der jeweiligen Stelle ihrer Verwendung definiert.

5 Die Input-Output-Prozesse von Wirtschaftsparametern in einer geschlossenen Volkswirtschaft

5.1 Der Input-Output-Prozess von Wirtschaftsparametern im Produktionskomplex

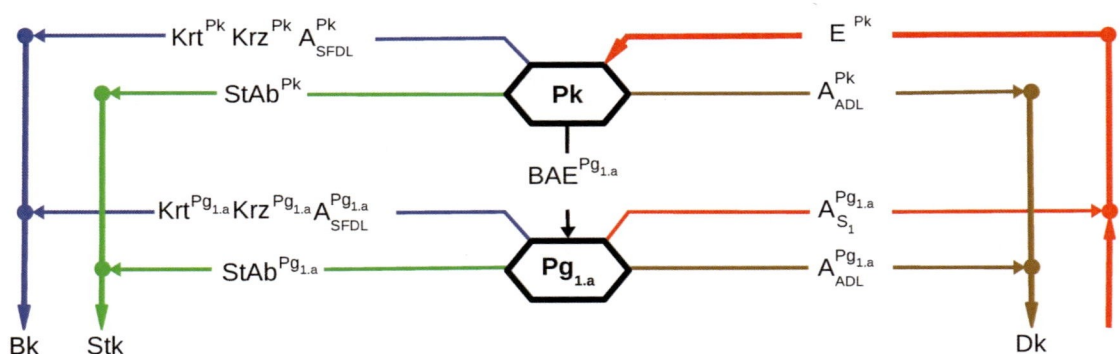

Abbildung 1:

5.2 Der Input-Output-Prozess von Wirtschaftsparametern im Dienstleistungskomplex

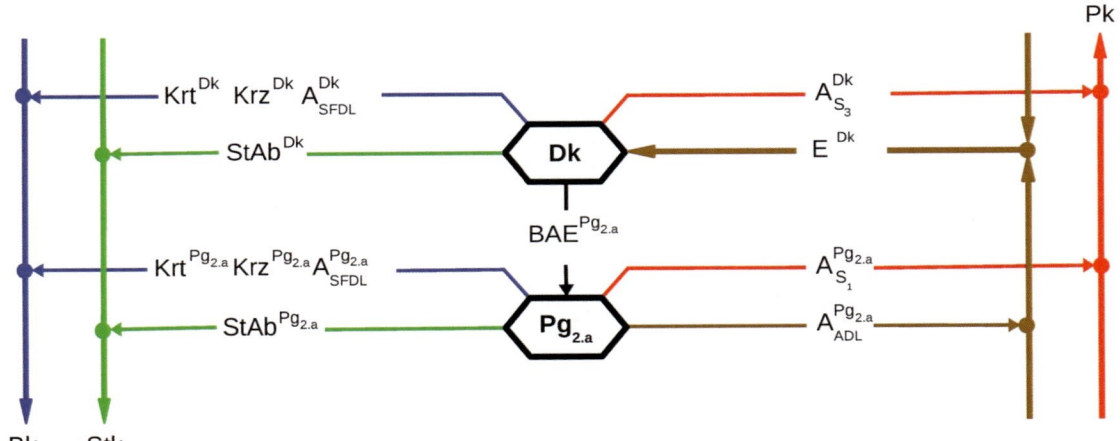

Abbildung 2:

5.3 Der Input-Output-Prozess von Wirtschaftsparametern im Bankenkomplex

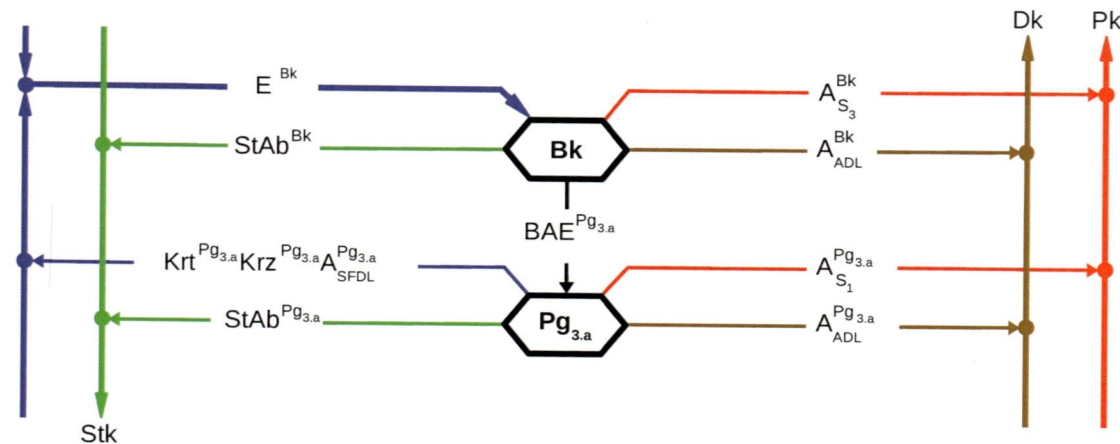

Abbildung 3:

5.4 Der Input-Output-Prozess von Wirtschaftsparametern im Staatskomplex

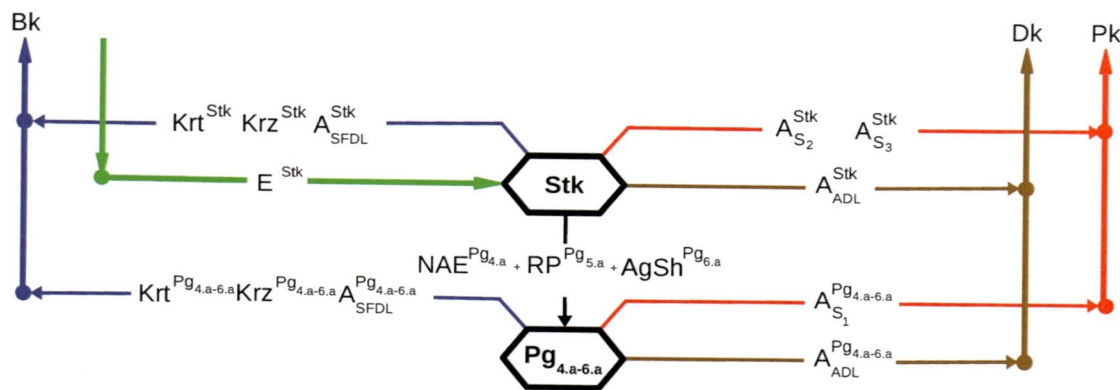

Abbildung 4:

Bedeutung der verwendeten Symbole:

Bk - Bankenkomplex

Dk - Dienstleistungskomplex

Stk - Staatskomplex

Pk - Produktionskomplex

$Pg_{i.a}$ - Personengruppe

$A_{W;L}^{Wk}$ - Ausgaben eines Wirtschaftskomplexes (Wk) für eine Ware (W)
oder Leistung (L) $Wk = Pk, Dk, Bk, Stk \quad bzw. \quad Pg_{i.a}$

$BAE^{Pg_{i.a}}$ - Bruttoarbeitseinkommen der Personengruppe $Pg_{i.a}$ mit i=1 bis 3

$NAE^{Pg_{4.a}}$ - Nettoarbeitseinkommen der Personengruppe $Pg_{4.a}$

$RP^{Pg_{5.a}}$ - Renten und Pensionen der Personengruppe $Pg_{5.a}$

$AgSh^{Pg_{6.a}}$ - Arbeitslosengeld und Sozialhilfe der Personengruppe $Pg_{6.a}$

E^{Wk} - Einnahmen des Wirtschaftskomplexes

Krt^{Wk} - Kredittilgung durch den Wirtschaftskomplex

Krz^{Wk} - Zahlung von Kreditzinsen durch den Wirtschaftskomplex

$StAb^{Wk}$ - Zahlung von staatlichen Abgaben durch den Wirtschaftskomplex

ADL - allgemeine Dienstleistungen

$SFDL$ - sonstige Finanzdienstleistungen

S_i - Sachgut „i"

5.5 Der monetäre Kreislauf in einer geschlossenen Volkswirtschaft

Die Input-Output-Prozesse in den Abbildungen 1 bis 4 habe ich in Abb. 5 auf Seite 14 zu einem komplexen monetären Kreislauf einer geschlossenen Volkswirtschaft zusammengefasst. Dabei sind die Finanzströme in Form von gerichteten Fließlinien abgebildet und durch die zutreffenden Wirtschaftsparameter gekennzeichnet.[3] Die von einem Wirtschaftskomplex (Sechseck) wegweisenden Pfeile kennzeichnen die Ausgaben, während die hingerichteten Pfeile für die Einnahmen stehen. Die Grafik zeigt die finanziellen Verflechtungen der Wirtschaftskomplexe beim Austausch von Produkten und Dienstleistungen sowie bei der Rückzahlung von Krediten und Zinsen. Die Einflussnahme des Staatskomplexes auf diese Austauschprozesse erfolgt über die Erhebung und Umverteilung von staatlichen Abgaben. Insgesamt handelt es sich um einzelne, ineinander greifende Kreisläufe, die in ihrer Gesamtheit den volkswirtschaftlichen Kreislauf ausmachen.

---

[3] Aus Gründen der Übersichtlichkeit habe ich die Richtungspfeile für die Personengruppen $Pg_{4.a}$, $Pg_{5.a}$ und $Pg_{6.a}$ zusammengefasst.

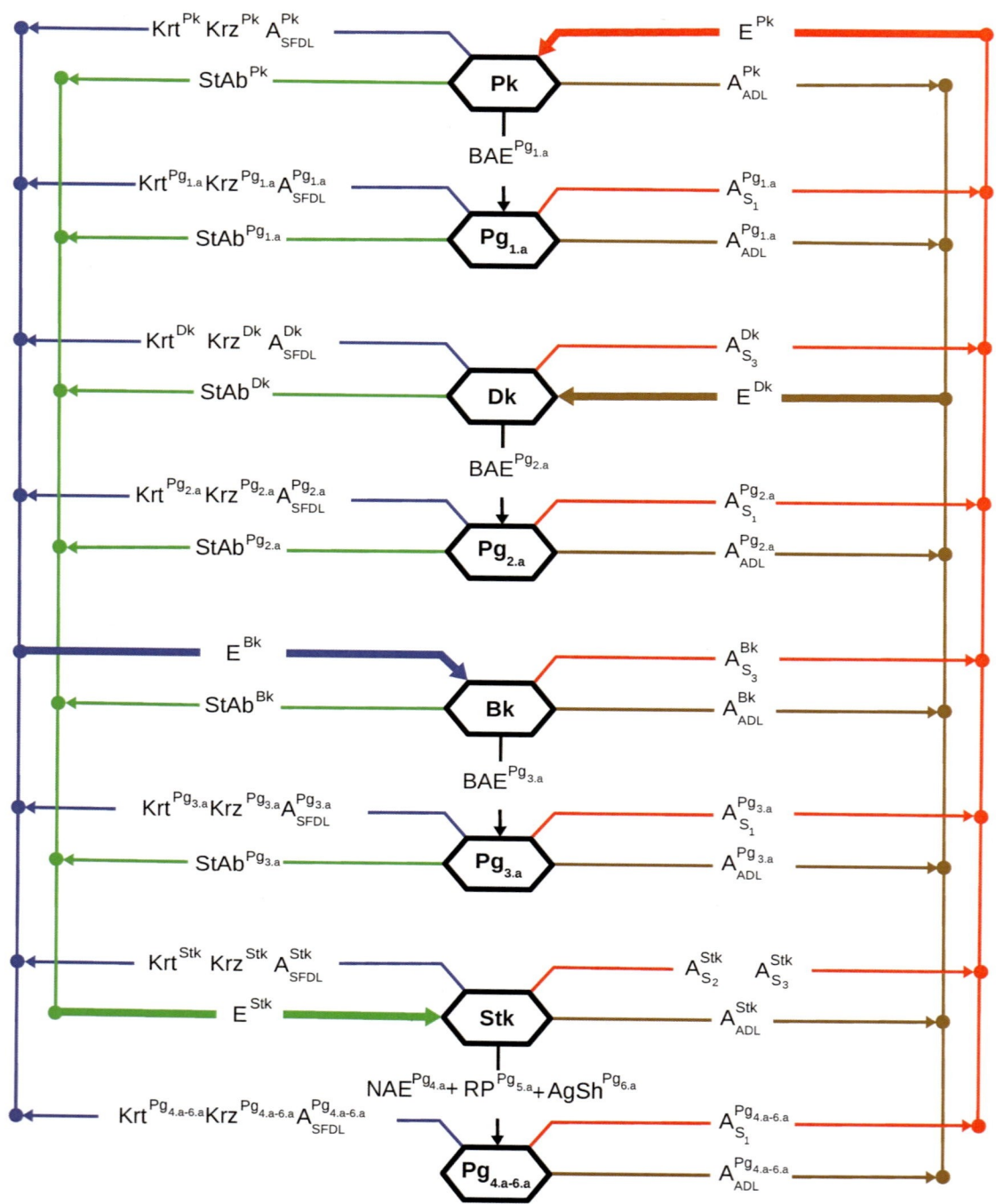

Abbildung 5: Monetäre Kreisläufe in einer geschlossenen Volkswirtschaft

5.6 Die Systemgleichungen für eine geschlossene Volkswirtschaft V_g

Versieht man in Abb. 5 auf Seite 14 alle Einnahmen mit einem(+) und alle Ausgaben mit einem (-) und addiert alle Einnahmen und Ausgaben gesondert für die einzelnen Wirtschaftskomplexe, erhält man für eine geschlossene Volkswirtschaft folgende Gleichungen:

5.6.1 Gleichungen für den Produktionskomplex und die Personengruppe $Pg_{1.a}$

$$\sum_{i=1}^{6} A_{S_1,V_g}^{Pg_{i.a}} + A_{S_2,V_g}^{Stk} + A_{S_3,V_g}^{Stk} + A_{S_3,V_g}^{Dk} + A_{S_3,V_g}^{Bk} - BAE_{V_g}^{Pg_{1.a}} - A_{ADL,V_g}^{Pk} -$$

$$Krt_{V_g}^{Pk} - Krz_{V_g}^{Pk} - A_{SFDL,V_g}^{Pk} - StAb_{V_g}^{Pk} = \Delta_{V_g}^{Pk} \quad (1)$$

$$BAE_{V_g}^{Pg_{1.a}} - A_{S_1,V_g}^{Pg_{1.a}} - A_{ADL,V_g}^{Pg_{1.a}} - A_{SFDL,V_g}^{Pg_{1.a}} - Krt_{V_g}^{Pg_{1.a}} -$$

$$Krz_{V_g}^{Pg_{1.a}} - StAb_{V_g}^{Pg_{1.a}} = \Delta_{V_g}^{Pg_{1.a}} \quad (2)$$

Einnahmen $E_{V_g}^{Pk}$ des Produktionskomplexes:

$$E_{V_g}^{Pk} = \sum_{i=1}^{6} A_{S_1,V_g}^{Pg_{i.a}} + A_{S_2,V_g}^{Stk} + A_{S_3,V_g}^{Stk} + A_{S_3,V_g}^{Dk} + A_{S_3,V_g}^{Bk}$$

5.6.2 Gleichungen für den Dienstleistungskomplex und die Personengruppe $Pg_{2.a}$

$$\sum_{i=1}^{6} A_{ADL,V_g}^{Pg_{i.a}} + A_{ADL,V_g}^{Pk} + A_{ADL,V_g}^{Stk} + A_{ADL,V_g}^{Bk} - BAE_{V_g}^{Pg_{2.a}} - A_{S_3,V_g}^{Dk} -$$

$$A_{SFDL,V_g}^{Dk} - Krt_{V_g}^{Dk} - Krz_{V_g}^{Dk} - StAb_{V_g}^{Dk} = \Delta_{V_g}^{Dk} \quad (3)$$

$$BAE_{V_g}^{Pg_{2.a}} - A_{S_1,V_g}^{Pg_{2.a}} - A_{ADL,V_g}^{Pg_{2.a}} - A_{SFDL,V_g}^{Pg_{2.a}} - Krt_{V_g}^{Pg_{2.a}} -$$

$$Krz_{V_g}^{Pg_{2.a}} - StAb_{V_g}^{Pg_{2.a}} = \Delta_{V_g}^{Pg_{2.a}} \quad (4)$$

Einnahmen $E_{V_g}^{Dk}$ des Dienstleistungskomplexes:

$$E_{V_g}^{Dk} = \sum_{i=1}^{6} A_{ADL,V_g}^{Pg_{i.a}} + A_{ADL,V_g}^{Pk} + A_{ADL,V_g}^{Stk} + A_{ADL,V_g}^{Bk}$$

5.6.3 Gleichungen für den Bankenkomplex und die Personengruppe $Pg_{3.a}$

$$\sum_{i=1}^{6} Krt_{V_g}^{Pg_{i.a}} + Krt_{V_g}^{Pk} + Krt_{V_g}^{Dk} + Krt_{V_g}^{Stk} +$$

$$\sum_{i=1}^{6} Krz_{V_g}^{Pg_{i.a}} + Krz_{V_g}^{Pk} + Krz_{V_g}^{Dk} + Krz_{V_g}^{Stk} +$$

$$\sum_{i=1}^{6} A_{SFDL,V_g}^{Pg_{i.a}} + A_{SFDL,V_g}^{Pk} + A_{SFDL,V_g}^{Dk} + A_{SFDL,V_g}^{Stk} -$$

$$BAE_{V_g}^{Pg_{3.a}} - A_{S_3,V_g}^{Bk} - A_{ADL,V_g}^{Bk} - StAb_{V_g}^{Bk} = \delta_{V_g}^{Bk}$$

Zur Ermittlung des Gewinns $\Delta_{V_g}^{Bk}$ des Bankenkomplexes sind die Kredittilgungen herauszurechnen. Dann erhält man:

$$\sum_{i=1}^{6} Krz_{V_g}^{Pg_{i.a}} + Krz_{V_g}^{Pk} + Krz_{V_g}^{Dk} + Krz_{V_g}^{Stk} +$$

$$\sum_{i=1}^{6} A_{SFDL,V_g}^{Pg_{i.a}} + A_{SFDL,V_g}^{Pk} + A_{SFDL,V_g}^{Dk} + A_{SFDL,V_g}^{Stk} -$$

$$BAE_{V_g}^{Pg_{3.a}} - A_{S_3,V_g}^{Bk} - A_{ADL,V_g}^{Bk} - StAb_{V_g}^{Bk} = \Delta_{V_g}^{Bk} \quad (5)$$

$$BAE_{V_g}^{Pg_{3.a}} - A_{S_1,V_g}^{Pg_{3.a}} - A_{ADL,V_g}^{Pg_{3.a}} - A_{SFDL,V_g}^{Pg_{3.a}} - Krt_{V_g}^{Pg_{3.a}} -$$

$$Krz_{V_g}^{Pg_{3.a}} - StAb_{V_g}^{Pg_{3.a}} = \Delta_{V_g}^{Pg_{3.a}} \quad (6)$$

Einnahmen $E_{V_g}^{Bk}$ des Bankenkomplexes:

$$E_{V_g}^{Bk} = \sum_{i=1}^{6} Krz_{V_g}^{Pg_{i.a}} + Krz_{V_g}^{Pk} + Krz_{V_g}^{Dk} + Krz_{V_g}^{Stk} +$$

$$\sum_{i=1}^{6} A_{SFDL,V_g}^{Pg_{i.a}} + A_{SFDL,V_g}^{Pk} + A_{SFDL,V_g}^{Dk} + A_{SFDL,V_g}^{Stk}$$

5.6.4 Gleichungen für den Staatskomplex und die Personengruppen $Pg_{4.a}, Pg_{5.a}, Pg_{6.a}$

$$\sum_{i=1}^{3} StAb_{V_g}^{Pg_{i.a}} + StAb_{V_g}^{Pk} + StAb_{V_g}^{Dk} + StAb_{V_g}^{Bk} -$$

$$NAE_{V_g}^{Pg_{4.a}} - RP_{V_g}^{Pg_{5.a}} - AgSh_{V_g}^{Pg_{6.a}} - A_{ADL,V_g}^{Stk} - A_{S_2,V_g}^{Stk} -$$

$$A_{S_3,V_g}^{Stk} - A_{SFDL,V_g}^{Stk} - Krt_{V_g}^{Stk} - Krz_{V_g}^{Stk} = \Delta_{V_g}^{Stk} \qquad (7)$$

$$NAE_{V_g}^{Pg_{4.a}} - A_{S_1,V_g}^{Pg_{4.a}} - A_{ADL,V_g}^{Pg_{4.a}} - A_{SFDL,V_g}^{Pg_{4.a}} - Krt_{V_g}^{Pg_{4.a}} - Krz_{V_g}^{Pg_{4.a}} = \Delta_{V_g}^{Pg_{4.a}} \qquad (8)$$

$$RP_{V_g}^{Pg_{5.a}} - A_{S_1,V_g}^{Pg_{5.a}} - A_{ADL,V_g}^{Pg_{5.a}} - A_{SFDL,V_g}^{Pg_{5.a}} - Krt_{V_g}^{Pg_{5.a}} - Krz_{V_g}^{Pg_{5.a}} = \Delta_{V_g}^{Pg_{5.a}} \qquad (9)$$

$$AgSh_{V_g}^{Pg_{6.a}} - A_{S_1,V_g}^{Pg_{6.a}} - A_{ADL,V_g}^{Pg_{6.a}} - A_{SFDL,V_g}^{Pg_{6.a}} - Krt_{V_g}^{Pg_{6.a}} - Krz_{V_g}^{Pg_{6.a}} = \Delta_{V_g}^{Pg_{6.a}} \qquad (10)$$

Einnahmen $E_{V_g}^{Stk}$ des Staatskomplexes:

$$E_{V_g}^{Stk} = \sum_{i=1}^{3} StAb_{V_g}^{Pg_{i.a}} + StAb_{V_g}^{Pk} + StAb_{g}^{Dk} + StAb_{V_g}^{Bk}$$

6 Die Input-Output-Prozesse von Wirtschaftsparametern in einer offenen Volkswirtschaft

Bei offenen Volkswirtschaften findet neben den internen ökonomischen Prozessabläufen ein Austausch von Gütern, Finanzen, Kapital und Arbeitskräften mit anderen Volkswirtschaften statt. Offene Volkswirtschaften kann man deshalb als geschlossene Volkswirtschaften, die durch Außenwirtschaftsbeziehungen überlagert werden, betrachten. Entsprechend muss der monetäre Kreislauf für eine geschlossene Volkswirtschaft in Abb. 5 durch folgende Außenwirtschaftsparameter ergänzt werden, um den monetären Kreislauf für eine offene Volkswirtschaft in Abb. 6 auf Seite 19 zu erhalten:

$E_{exp.S_4}^{Pk}$ - Einnahmen des Pk aus dem Export der Sachgüter S_4

$E_{exp.ADL}^{Dk}$ - Einnahmen des Dk aus dem Export allgemeiner Dienstleistungen

$E_{exp.FDL}^{Bk}$ - Einnahmen des Bk aus dem Export von Finanzdienstleistungen

$A_{imp.S_5}^{Pk}$ - Ausgaben des Pk für den Import der Sachgüter S_5

$A_{imp.ADL}^{Pk}$ - Ausgaben des Pk für den Import allgemeiner Dienstleistungen

$A_{imp.S_3}^{Wk}$ - Ausgaben der Wk für den Import der Sachgüter S_3 ($Wk = Dk, Bk, Stk$)

$A_{imp.S_2}^{Stk}$ - Ausgaben des Stk für den Import der Sachgüter S_2

$A_{imp.FDL}^{Stk}$ - Ausgaben des Stk für den Import für Finanzdienstleistungen

$A_{imp.S_1}^{Pg_{i.a}}$ - Ausgaben der $Pg_{i.a}$ für den Import der Sachgüter S_1 (i=1 bis 6)

$A_{imp.ADL}^{Pg_{i.a}}$ - Ausgaben der $Pg_{i.a}$ für die Inanspruchnahme allgemeiner Dienstleistungen

aus anderen Volkswirtschaften (z.B. Tourismus)

In Analogie zur geschlossenen Volkswirtschaft erhält man ausgehend von den Prozessabläufen in Abb. 6 die Systemgleichungen für eine offene Volkswirtschaft, indem man alle Einnahmen mit einem (+) und alle Ausgaben mit einem (-) versieht und diese gesondert für die einzelnen Wirtschaftskomplexe addiert.

6.1 Die Systemgleichungen für eine offene Volkswirtschaft V_o

6.1.1 Gleichungen für den Produktionskomplex und die Personengruppe $Pg_{1.a}$

$$\sum_{i=1}^{6} A_{S_1,V_o}^{Pg_{i.a}} + A_{S_2,V_o}^{Stk} + A_{S_3,V_o}^{Stk} + A_{S_3,V_o}^{Dk} + A_{S_3,V_o}^{Bk} + E_{exp.S_4,V_o}^{Pk} - BAE_{V_o}^{Pg_{1.a}} - A_{ADL,V_o}^{Pk} -$$
$$Krt_{V_o}^{Pk} - Krz_{V_o}^{Pk} - A_{SFDL,V_o}^{Pk} - StAb_{V_o}^{Pk} - A_{imp.S_5,V_o}^{Pk} - A_{imp.ADL,V_o}^{Pk} = \Delta_{V_o}^{Pk} \quad (11)$$

$$BAE_{V_o}^{Pg_{1.a}} - A_{S_1,V_o}^{Pg_{1.a}} - A_{ADL,V_o}^{Pg_{1.a}} - A_{SFDL,V_o}^{Pg_{1.a}} - Krt_{V_o}^{Pg_{1.a}} -$$
$$Krz_{V_o}^{Pg_{1.a}} - StAb_{V_o}^{Pg_{1.a}} - A_{imp.S_1,V_o}^{Pg_{1.a}} - A_{imp.ADL,V_o}^{Pg_{1.a}} = \Delta_{V_o}^{Pg_{1.a}} \quad (12)$$

Einnahmen $E_{V_o}^{Pk}$ des Produktionskomplexes:

$$E_{V_o}^{Pk} = \sum_{i=1}^{6} A_{S_1,V_o}^{Pg_{i.a}} + A_{S_2,V_o}^{Stk} + A_{S_3,V_o}^{Stk} + A_{S_3,V_o}^{Dk} + A_{S_3,V_o}^{Bk} + E_{exp.S_4,V_o}^{Pk}$$

6.1.2 Gleichungen für den Dienstleistungskomplex und die Personengruppe $Pg_{2.a}$

$$\sum_{i=1}^{6} A_{ADL,V_o}^{Pg_{i.a}} + A_{ADL,V_o}^{Pk} + A_{ADL,V_o}^{Stk} + A_{ADL,V_o}^{Bk} + E_{exp.ADL,V_o}^{Dk} - BAE_{V_o}^{Pg_{2.a}} - A_{S_3,V_o}^{Dk} -$$
$$A_{SFDL,V_o}^{Dk} - Krt_{V_o}^{Dk} - Krz_{V_o}^{Dk} - StAb_{V_o}^{Dk} - A_{imp.S_3,V_o}^{Dk} = \Delta_{V_o}^{Dk} \quad (13)$$

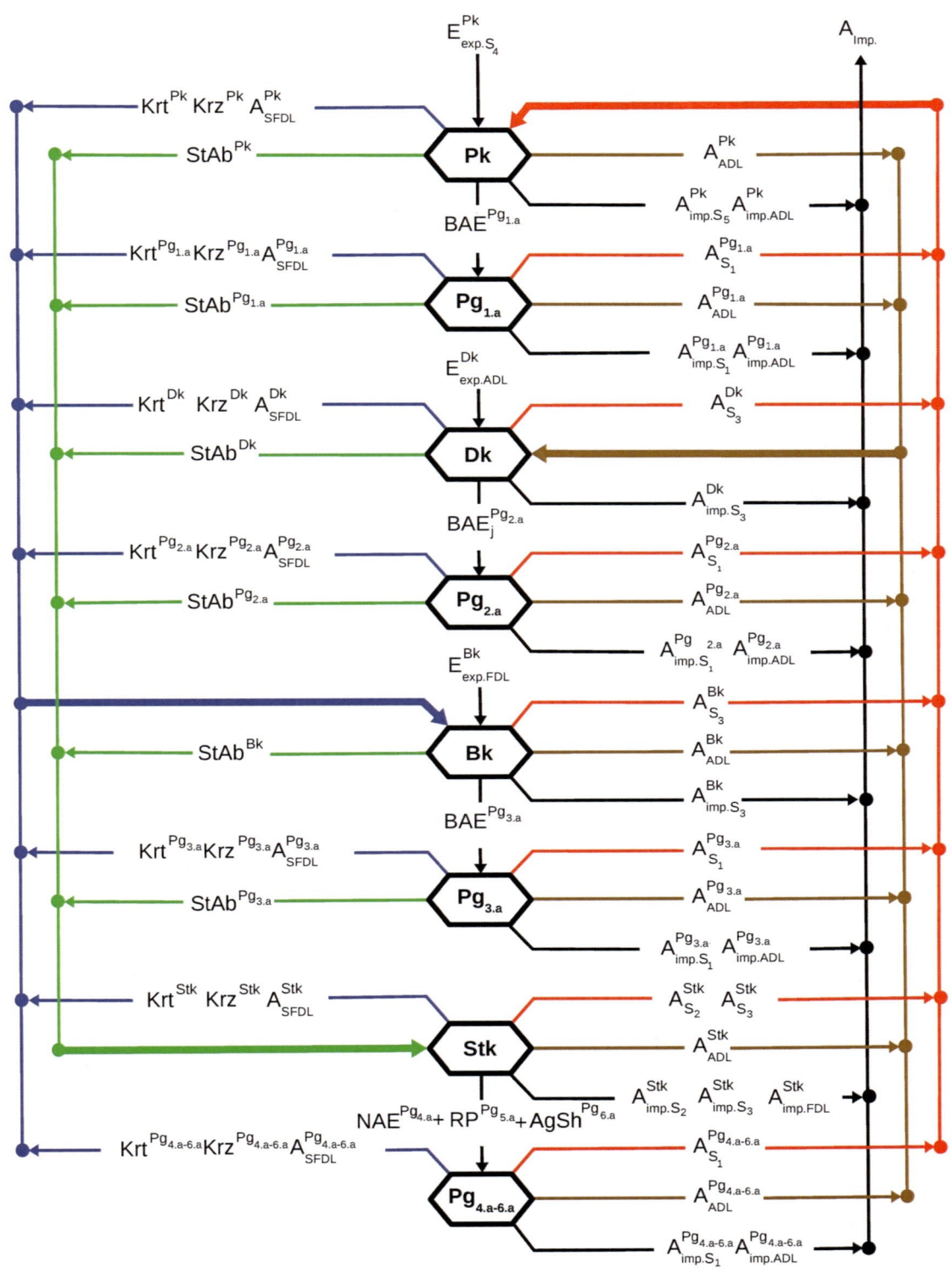

Abbildung 6: Monetäre Kreisläufe in einer offenen Volkswirtschaft

$$BAE_{V_o}^{Pg2.a} - A_{S_1,V_o}^{Pg2.a} - A_{ADL,V_o}^{Pg2.a} - A_{SFDL,V_o}^{Pg2.a} - Krt_{V_o}^{Pg2.a} -$$
$$Krz_{V_o}^{Pg2.a} - StAb_{V_o}^{Pg2.a} - A_{imp.S_1,V_o}^{Pg2.a} - A_{imp.ADL,V_o}^{Pg2.a} = \Delta_{V_o}^{Pg2.a} \quad (14)$$

Einnahmen $E_{V_o}^{Dk}$ des Dienstleistungskomplexes:

$$E_{V_o}^{Dk} = \sum_{i=1}^{6} A_{ADL,V_o}^{Pg_{i.a}} + A_{ADL,V_o}^{Pk} + A_{ADL,V_o}^{Stk} + A_{ADL,V_o}^{Bk} + E_{exp.ADL,V_o}^{Dk}$$

6.1.3 Gleichungen für den Bankenkomplex und die Personengruppe $Pg_{3.a}$

$$\sum_{i=1}^{6} Krt_{V_o}^{Pg_{i.a}} + Krt_{V_o}^{Pk} + Krt_{V_o}^{Dk} + Krt_{V_o}^{Stk} +$$

$$\sum_{i=1}^{6} Krz_{V_o}^{Pg_{i.a}} + Krz_{V_o}^{Pk} + Krz_{V_o}^{Dk} + Krz_{V_o}^{Stk} +$$

$$\sum_{i=1}^{6} A_{SFDL,V_o}^{Pg_{i.a}} + A_{SFDL,V_o}^{Pk} + A_{SFDL,V_o}^{Dk} + A_{SFDL,V_o}^{Stk} + E_{exp.FDL,V_o}^{Bk} -$$

$$BAE_{V_o}^{Pg3.a} - A_{S_3,V_o}^{Bk} - A_{ADL,V_o}^{Bk} - StAb_{V_o}^{Bk} - A_{imp.S_3,V_o}^{Bk} = \delta_{V_o}^{Bk}$$

Zur Ermittlung des Gewinns $\Delta_{V_o}^{Bk}$ des Bankenkomplexes sind die Kredittilgungen herauszurechnen. Dann erhält man:

$$\sum_{i=1}^{6} Krz_{V_o}^{Pg_{i.a}} + Krz_{V_o}^{Pk} + Krz_{V_o}^{Dk} + Krz_{V_o}^{Stk} +$$

$$\sum_{i=1}^{6} A_{SFDL,V_o}^{Pg_{i.a}} + A_{SFDL,V_o}^{Pk} + A_{SFDL,V_o}^{Dk} + A_{SFDL,V_o}^{Stk} + E_{exp.FDL,V_o}^{Bk} -$$

$$BAE_{V_o}^{Pg3.a} - A_{S_3,V_o}^{Bk} - A_{ADL,V_o}^{Bk} - StAb_{V_o}^{Bk} - A_{imp.S_3,V_o}^{Bk} = \Delta_{V_o}^{Bk} \quad (15)$$

$$BAE_{V_o}^{Pg3.a} - A_{S_1,V_o}^{Pg3.a} - A_{ADL,V_o}^{Pg3.a} - A_{SFDL,V_o}^{Pg3.a} - Krt_{V_o}^{Pg3.a} -$$
$$Krz_{V_o}^{Pg3.a} - StAb_{V_o}^{Pg3.a} - A_{imp.S_1,V_o}^{Pg2.a} - A_{imp.ADL,V_o}^{Pg2.a} = \Delta_{V_o}^{Pg3.a} \quad (16)$$

Einnahmen $E_{V_o}^{Bk}$ des Bankenkomplexes:

$$E_{V_o}^{Bk} = \sum_{i=1}^{6} Krz_{V_o}^{Pg_{i.a}} + Krz_{V_o}^{Pk} + Krz_{V_o}^{Dk} + Krz_{V_o}^{Stk} +$$

$$\sum_{i=1}^{6} A_{SFDL,V_o}^{Pg_{i.a}} + A_{SFDL,V_o}^{Pk} + A_{SFDL,V_o}^{Dk} + A_{SFDL,V_o}^{Stk} + E_{exp.FDL,V_o}^{Bk}$$

6.1.4 Gleichungen für den Staatskomplex und die Personengruppen $Pg_{4.a}, Pg_{5.a}, Pg_{6.a}$

$$\sum_{i=1}^{3} StAb_{V_o}^{Pg_{i.a}} + StAb_{V_o}^{Pk} + StAb_{V_o}^{Dk} + StAb_{V_o}^{Bk} -$$

$$NAE_{V_o}^{Pg_{4.a}} - RP_{V_o}^{Pg_{5.a}} - AgSh_{V_o}^{Pg_{6.a}} - A_{ADL,V_o}^{Stk} - A_{S_2,V_o}^{Stk} - A_{S_3,V_o}^{Stk} -$$

$$A_{SFDL,V_o}^{Stk} - Krt_{V_o}^{Stk} - Krz_{V_o}^{Stk} - A_{imp.S_2,V_o}^{Stk} - A_{imp.S_3,V_o}^{Stk} - A_{imp.FDL,V_o}^{Stk} = \Delta_{V_o}^{Stk} \quad (17)$$

$$NAE_{V_o}^{Pg_{4.a}} - A_{S_1,V_o}^{Pg_{4.a}} - A_{ADL,V_o}^{Pg_{4.a}} - A_{SFDL,V_o}^{Pg_{4.a}} - Krt_{V_o}^{Pg_{4.a}} -$$

$$Krz_{V_o}^{Pg_{4.a}} - A_{imp.S_1,V_o}^{Pg_{4.a}} - A_{imp.ADL,V_o}^{Pg_{4.a}} = \Delta_{V_o}^{Pg_{4.a}} \quad (18)$$

$$RP_{V_o}^{Pg_{5.a}} - A_{S_1,V_o}^{Pg_{5.a}} - A_{ADL,V_o}^{Pg_{5.a}} - A_{SFDL,V_o}^{Pg_{5.a}} - Krt_{V_o}^{Pg_{5.a}} -$$

$$Krz_{V_o}^{Pg_{5.a}} - A_{imp.S_1,V_o}^{Pg_{5.a}} - A_{imp.ADL,V_o}^{Pg_{5.a}} = \Delta_{V_o}^{Pg_{5.a}} \quad (19)$$

$$AgSh_{V_o}^{Pg_{6.a}} - A_{S_1,V_o}^{Pg_{6.a}} - A_{ADL,V_o}^{Pg_{6.a}} - A_{SFDL,V_o}^{Pg_{6.a}} - Krt_{V_o}^{Pg_{6.a}} -$$

$$Krz_{V_o}^{Pg_{6.a}} - A_{imp.S_1,V_o}^{Pg_{6.a}} - A_{imp.ADL,V_o}^{Pg_{6.a}} = \Delta_{V_o}^{Pg_{6.a}} \quad (20)$$

Einnahmen $E_{V_o}^{Stk}$ des Staatskomplexes:

$$E_{V_o}^{Stk} = \sum_{i=1}^{3} StAb_{V_o}^{Pg_{i.a}} + StAb_{V_o}^{Pk} + StAb_{V_o}^{Dk} + StAb_{V_o}^{Bk}$$

7 Erläuterungen zu den Systemgleichungen für geschlossene bzw. offene Volkswirtschaften

Was für die einen Wirtschaftskomplexe in einer geschlossenen Volkswirtschaft Ausgaben sind, stellt sich für die anderen als Einnahmen dar, so dass die Summe aller Einnahmen und Ausgaben der Gesamtheit aller Wirtschaftskomplexe in einer geschlossenen Volkswirtschaft immer gleich Null sein muss.

In einer offenen Volkswirtschaft ist im Unterschied dazu die Summe aller Einnahmen und Ausgaben der Gesamtheit aller Wirtschaftskomplexe gleich der Differenz zwischen der Gesamtheit der Ex- und Importe $\Delta_{V_o}^{exp/imp}$:

$$
\begin{aligned}
& E_{exp.S_4,V_o}^{Pk} + E_{exp.ADL,V_o}^{Dk} + E_{exp.FDL,V_o}^{Bk} - A_{imp.S_5,V_o}^{Pk} - A_{imp.ADL,V_o}^{Pk} - \\
& A_{imp.S_2,V_o}^{Stk} - A_{imp.S_3,V_o}^{Dk} - A_{imp.S_3,V_o}^{Bk} - A_{imp.S_3,V_o}^{Stk} - A_{imp.FDL,V_o}^{Stk} - \\
& \sum_{i=1}^{6} A_{imp.S_1,V_o}^{P.i.a} - \sum_{i=1}^{6} A_{imp.ADL,V_o}^{P.i.a} = \Delta_{V_o}^{exp/imp} \quad (21)
\end{aligned}
$$

Alle Terme in den Systemgleichungen für geschlossene bzw. offene Volkswirtschaften (Gleichungen 1 bis 20) setzen sich aus der Summe der jeweiligen Wirtschaftsparameter aller in den Wirtschaftskomplex einbezogenen Wirtschaftseinheiten zusammen. Dieser Sachverhalt lässt sich z.B. anhand der Terme Krt^{Pk} und Δ^{Pk} in Gl. 1 (s. S. 15) wie folgt darstellen:[4].

- Die Anzahl der im Produktionskomplex zusammengefassten Unternehmen sei gleich „m". Dann ergibt sich für den Term der Kredittilgung der Ausdruck

$$
Krt^{Pk} = \sum_{u=1}^{m} Krt_u^{Pk}
$$

- Entsprechend gilt für Δ^{Pk} der Ausdruck

$$
\Delta^{Pk} = \sum_{u=1}^{m} \delta_u^{Pk}
$$

wobei δ_u^{Pk} für das einzelne Unternehmen „u" steht und größer, kleiner oder gleich Null sein kann. Da ich in den Systemgleichungen nur Unternehmen mit $\delta_u^{Pk} > 0$ berücksichtige,[5] sind auch die Differenzen zwischen Einnahmen und Ausgaben $\Delta^{Pk} > 0$, $\Delta^{Dk} > 0$ und $\Delta^{Bk} > 0$ immer größer als Null und stehen für die Gewinne im Produktions-, Dienstleistungs- und Bankenkomplex.

---

[4]Für den Fall, dass Kenngrößen gleichermaßen auf geschlossene bzw. offene Volkswirtschaften zutreffen, wird auf deren Kennzeichnung mit V_g bzw. V_o verzichtet

[5]Unternehmen, für die dauerhaft $\delta_u^{Pk} \leq 0$ anzunehmen ist, können sich aus Konkurrenzgründen im Wettbewerb nicht behaupten.

Das Delta für den Staatskomplex Δ^{Stk} kann größer, kleiner oder gleich Null sein. Ist $\Delta^{Stk} > 0$, spricht man von Haushaltsüberschuss, ist $\Delta^{Stk} = 0$, handelt es sich um einen ausgeglichenen Haushalt. Bei $\Delta^{Stk} < 0$ ist der Staatskomplex verschuldet.

Bei den Delta's für die Personengruppen $\Delta^{Pg_{i.a}}$ (mit i=1 bis 6) gehe ich davon aus, dass diese immer größer als Null sind, wenn man voraussetzt, dass alle Personen in den Personengruppen ihren finanziellen Verbindlichkeiten nachkommen. Diese Differenzen entsprechen den Ansparungen der Personengruppen.

Bei den Ausgaben für Dienstleistungssachgüter des Dienstleistungs-, Banken- und Staatskomplexes ($A_{S_3}^{Dk}$, $A_{S_3}^{Bk}$, $A_{S_3}^{Stk}$) handelt es sich um Ausgaben für den Erwerb kurzlebiger Sachgüter, die innerhalb eines definierten Wirtschaftszeitraumes komplett verbraucht werden, bzw. um Abschreibungen für langlebige Sachgüter, wie Immobilien und Büroausrüstungen.

Unter Berücksichtigung dieser Sachverhalte sind die Gleichungen 1 bis 20 in sich konsistent, so dass die Zusammenfassung der Wirtschaftseinheiten zu Wirtschaftskomplexen zulässig ist.

8 Die besondere Rolle des Produktionskomplexes

Eine besondere Rolle unter den Wirtschaftskomplexen spielt der Produktionskomplex, da er für die Herstellung aller Sachgüter verantwortlich zeichnet. Als Quelle der Wertschöpfung ist folglich nur die Personengruppe $Pg_{1.a}$ anzusehen, so dass in einem Gemeinwesen, dessen Volkswirtschaft auf arbeitsteiligen Prozessen beruht, nur ein Teil der zu den Privathaushalten zählenden Personen für die Warenproduktion materieller Sachgüter benötigt wird.

Aus den Gleichungen 1 und 11 auf den Seiten 15 und 18 ergeben sich für die Warenproduktion einer geschlossenen bzw. offenen Volkswirtschaft die Ausdrücke:

$$WP_{V_g}^{Pk} = \sum_{i=1}^{6} A_{S_1,V_g}^{Pg_{i.a}} + A_{S_2,V_g}^{Stk} + A_{S_3,V_g}^{Stk} + A_{S_3,V_g}^{Dk} + A_{S_3,V_g}^{Bk} =$$
$$BAE_{V_g}^{Pg_{1.a}} + A_{ADL,V_g}^{Pk} + Krt_{V_g}^{Pk} + Krz_{V_g}^{Pk} + A_{SFDL,V_g}^{Pk} + StAb_{V_g}^{Pk} + \Delta_{V_g}^{Pk} \quad (22)$$

$$WP_{V_o}^{Pk} = \sum_{i=1}^{6} A_{S_1,V_o}^{P_{i.a}} + A_{S_2,V_o}^{Stk} + A_{S_3,V_o}^{Stk} + A_{S_3,V_o}^{Dk} + A_{S_3,V_o}^{Bk} + E_{exp.S_4,V_o}^{Pk} =$$
$$BAE_{V_o}^{P_{1.a}} + A_{ADL,V_o}^{Pk} + Krt_{V_o}^{Pk} + Krz_{V_o}^{Pk} + A_{SFDL,V_o}^{Pk} + StAb_{V_o}^{Pk} + \Delta_{V_o}^{Pk} +$$
$$A_{imp.S_5,V_o}^{Pk} + A_{imp.ADL,V_o}^{Pk} \quad (23)$$

Häufig trifft man auf die Meinung, dass die Arbeitnehmer für ihre Arbeitsleistungen entlohnt werden. Diese Auffassung steht jedoch in Widerspruch zu den Gleichungen 22 und 23, weil für die Warenproduktion und das Bruttoarbeitseinkommen immer die Ungleichungen $WP_{V_g}^{Pk} > BAE_{V_g}^{Pg_{1.a}}$ bzw. $WP_{V_o}^{Pk} > BAE_{V_o}^{Pg_{1.a}}$ gelten. Dieser Widerspruch löst sich nur dann auf, wenn man davon ausgeht, dass die Arbeitnehmer nur für die zeitweilige Zurverfügungstellung ihrer Arbeitskraft und nicht für ihre Arbeitsleistung entlohnt werden. Der Unternehmer wird im juristischem Sinne zeitweilig Besitzer der Arbeitskraft, während der Arbeitnehmer ihr Eigentümer bleibt. Die Differenz zwischen Warenproduktion und Bruttoarbeitseinkommen bezeichnet Karl Marx als Mehrwert[6], der durch die Arbeitnehmer kostenlos erzeugt und durch die Arbeitgeber vereinnahmt wird. Karl Marx kam auf anderem Wege zum gleichen Ergebnis.

Zur Aufrechterhaltung der wirtschaftlichen Kreisläufe ist eine ständige Reproduktion der Arbeitskräfte notwendig. Die Gesamtheit der dazu erforderlichen Aufwendungen für Nahrungsmittel, Wohnen, Versorgung der Familie, Ausbildung der Kinder, Erholung und Teilnahme am sozialen Leben, stellen den Eigenwertbedarf der Arbeitskräfte dar, der ein gewisses Minimum (EWB_{min}^{Ak}) nicht unterschreiten darf, wenn sich die Arbeitskräfte noch reproduzieren sollen. In einer profitorientierten Volkswirtschaft ist man infolge des Wettbewerbs gezwungen die Bruttoarbeitseinkommen für viele Arbeitnehmer in Richtung dieses Minimums zu verschieben, d.h. $BAE^{Pg1.a} \rightarrow EWB_{min}^{Ak}$.

Der Mehrwert für eine geschlossene bzw. offene Volkswirtschaft ist definiert durch die Gleichungen:

$$MW_{V_g}^{Pk} = WP_{V_g}^{Pk} - BAE_{V_g}^{Pg1.a} =$$
$$StAb_{V_g}^{Pk} + Krt_{V_g}^{Pk} + Krz_{V_g}^{Pk} + A_{SFDL,V_g}^{Pk} + A_{ADL,V_g}^{Pk} + \Delta_{V_g}^{Pk} \quad (24)$$

$$MW_{V_o}^{Pk} = WP_{V_o}^{Pk} - BAE_{V_o}^{Pg1.a} =$$
$$StAb_{V_o}^{Pk} + Krt_{V_o}^{Pk} + Krz_{V_o}^{Pk} + A_{SFDL,V_o}^{Pk} + A_{ADL,V_o}^{Pk} + \Delta_{V_o}^{Pk} +$$
$$A_{imp.S_5,V_o}^{Pk} + A_{imp.ADL,V_o}^{Pk} \quad (25)$$

Was den Arbeitgebern nach der Umverteilung des Mehrwerts immer verbleibt, sind die Gewinne $\Delta_{V_g}^{Pk}$ bzw. $\Delta_{V_o}^{Pk}$. Ein Wachstum der Gewinne wird generiert, wenn die Bruttoarbeitseinkommen, staatlichen Abgaben, Kreditzinsen und die weiteren Ausgaben in den Gleichungen 24 und 25 sinken.

Für den Fall, dass sich in einer Volkswirtschaft die monetären Kreisläufe in Bild 5 und 6 (s. S. 14 und 19) einfach wiederholen, ohne dass sich sonst etwas ändert, spricht Karl Marx von einfacher Reproduktion. Wenn mit einer Wiederholung der Kreisläufe ein Wirtschaftswachstums verbunden ist, spricht er von erweiterter Reproduktion.[7]

Im Verlaufe der Reproduktionsprozesse werden im Produktionskomplex Gewinne angehäuft, die durch die Eigentümer der Unternehmen einer unterschiedlichen Nutzung zugeführt werden können. Im Falle einer einfachen Reproduktion werden die Gewinne für private Zwecke der Unternehmer eingesetzt. Werden sie für ein Wachstum der Produktion verwendet, d.h. für die erweiterte Reproduktion, wird investiert, oder mit anderen

---

[6]Karl Marx, Das Kapital, Band 1, Die Produktion des absoluten und relativen Mehrwerts
[7]Karl Marx, Das Kapital, Band 1, Der Akkumulationsprozess des Kapitals

Worten, man setzt Geld ein, um mehr Geld in Form von Profit zu machen. Andererseits sind die Unternehmer, wie bereits erwähnt, gezwungen die Bruttoarbeitseinkommen so niedrig wie möglich zu halten, um im Konkurrenzkampf bestehen zu können. Unternehmen, die im Konkurrenzkampf auf Dauer unterlegen sind, verschwinden vom Markt. Diese Gesamtsituation führt letztlich zur Herausbildung von Monopolen und dazu, dass eine relativ geringe Anzahl von Personen einen unermesslichen Reichtum anhäuft, während weite Teile der Bevölkerung unter Armut und sozialer Ungerechtigkeit leiden. Hier sind auch die eigentlichen Ursachen dafür zu suchen, dass in einer profitorientierten Marktwirtschaft soziale Gerechtigkeit im Sinne von Chancengleichheit und sozialer Sicherheit als Allgemeingut nicht realisierbar ist.

Ein gleichartiges Bild ergibt sich für den Dienstleistungs- und Bankenkomplex mit dem Unterschied, dass in diesen Wirtschaftskomplexen keine Wertschöpfung vollzogen wird. In diesen Bereichen erfolgt die Anhäufung von Reichtum durch Umverteilung von Unten nach Oben. Spekulationsprozesse, die die Umverteilung von Unten nach Oben verstärken und beschleunigen, werden in dieser Publikation nicht weiter behandelt, da sie letztlich durch die Systemorganisation bedingt sind, die es gilt zum Vorteil des Gemeinwesens zu ändern.

9 Der formale Zusammenhang zwischen Arbeitsproduktivität, Arbeitskräftebedarf, Warenproduktion und Wirtschaftswachstum

Die Entwicklung der Arbeitsproduktivität ist von fundamentaler Bedeutung für die Wettbewerbsfähigkeit von Unternehmen und ganzer Volkswirtschaften und kann in Bezug auf die Herstellung von Sachgütern durch folgende Beziehung definiert werden:

$$AP^{Sg_i} = \frac{M^{Sg_i}}{t^{Sg_i}} \tag{26}$$

Darin sind:

AP^{Sg_i}- Arbeitsproduktivität bei der Herstellung des Sachgutes Sg_i

M^{Sg_i} - Jahresproduktionsmenge des Sachgutes Sg_i

t^{Sg_i} - Gesamtarbeitszeit in Eine-Person-Stunden, die in der gesamten Wertschöpfungskette zur Herstellung der Jahresproduktionsmenge des Sachgutes Sg_i benötigt wird.

Zur Herstellung einer Beziehung zwischen Arbeitsproduktivität, Arbeitskräftebedarf und Jahresproduktionsmenge an Sachgütern führe ich das volkswirtschaftliche Jahresarbeitszeitvolumen im Produktionskomplex $\widehat{T}^{Pk}$ (im Weiteren als Jahresarbeitszeitvolumen bezeichnet) ein, dass durch die Gleichung

$$\widehat{T}^{Pk} = \widehat{Z}^{Pk} \cdot C \cdot D \tag{27}$$

mit

$\widehat{Z}^{Pk}$ - Gesamtzahl der im Produktionskomplex zur Verfügung stehenden Arbeitskräfte

C - Anzahl der Arbeitstage pro Jahr

D - Dauer des Arbeitstages

gegeben sei. Setzt man t^{Sg_i} ins Verhältnis zu $\widehat{T}^{Pk}$, erhält man

$$\frac{t^{Sg_i}}{\widehat{T}^{Pk}} = \frac{t^{Sg_i}}{\widehat{Z}^{Pk} \cdot C \cdot D} = \theta^{Sg_i} \tag{28}$$

bzw.

$$t^{Sg_i} = \theta^{Sg_i} \cdot \widehat{Z}^{Pk} \cdot C \cdot D = Z^{Sg_i} \cdot C \cdot D \tag{29}$$

mit

$$Z^{Sg_i} = \theta^{Sg_i} \cdot \widehat{Z}^{Pk}$$

Durch den Proportionalitätsfaktor θ^{Sg_i} wird die Herstellungszeit t^{Sg_i} für das Sachgut Sg_i auf $\widehat{T}^{Pk}$ und der dafür erforderliche Arbeitskräftebedarf Z^{Sg_i} auf $\widehat{Z}^{Pk}$ bezogen. Z^{Sg_i} entspricht folglich der Anzahl der Arbeitskräfte, die in Vollarbeitszeit ein ganzes Arbeitsjahr über mit der Herstellung der Menge M^{Sg_i} des Sachgutes Sg_i beschäftigt sind.

Mit der Einführung von θ^{Sg_i} und $\widehat{T}^{Pk}$ wird ein Bezugssystem eingerichtet, dass die Herstellung eines formalen Zusammenhangs zwischen Arbeitsproduktivität, Arbeitskräftebedarf, Warenproduktion und Wirtschaftswachstum ermöglicht.

Ersetzt man in Gl. 26 t^{Sg_i} durch den äquivalenten Ausdruck aus Gl. 29 , erhält man

$$AP^{Sg_i} = \frac{M^{Sg_i}}{Z^{Sg_i} \cdot C \cdot D} \tag{30}$$

bzw.

$$Z^{Sg_i} = \frac{M^{Sg_i}}{AP^{Sg_i} \cdot C \cdot D} \tag{31}$$

Entsprechend ergibt sich für den Arbeitskräftebedarf Z^{Pk}, der für die Herstellung aller Sachgüter im Verlaufe eines Jahres im Produktionskomplex erforderlich ist, der Ausdruck:

$$Z^{Pk} = \sum_{i=1}^{n} Z^{Sg_i} = \sum_{i=1}^{n} \frac{M^{Sg_i}}{AP^{Sg_i} \cdot C \cdot D} \tag{32}$$

Für den Fall, dass das Jahresarbeitszeitvolumen voll ausgeschöpft wird, geht Z^{Pk} in $\widehat{Z}^{Pk}$ über.

Multipliziert man in Gl. 32 Zähler und Nenner mit dem Preis [8] P^{Sg_i} des jeweiligen Sachgutes Sg_i, ergibt sich, wenn $C = const.$ und $D = const.$ bleiben

---

[8]Die Preise für die Sachgüter regeln sich über Angebot und Nachfrage

$$Z^{Pk} = \sum_{i=1}^{n} Z^{Sg_i} = \frac{1}{C \cdot D} \sum_{i=1}^{n} \frac{M^{Sg_i} \cdot P^{Sg_i}}{AP^{Sg_i} \cdot P^{Sg_i}} \tag{33}$$

Die Gl. 33 zeigt den Zusammenhang zwischen dem Arbeitskräftebedarf im Produktionskomplex, den Arbeitsproduktivitäten in Bezug auf die einzelnen Sachgüter und der Warenproduktion

$$WP^{Pk} = \sum_{i=1}^{n} WP^{Sg_i} = \sum_{i=1}^{n} M^{Sg_i} \cdot P^{Sg_i} \tag{34}$$

Das Mengenwachstum für ein Sachgut Sg_i lässt sich durch die Differentialgleichung

$$\frac{dM^{Sg_i}}{dt} = k_i \cdot \{M_{Bd}^{Sg_i} - M^{Sg_i}\} \tag{35}$$

darstellen, wenn man voraussetzt, dass die momentane Zuwachsrate $\frac{dM^{Sg_i}}{dt}$ der Sachgütermenge für das Sachgut Sg_i direkt proportional zu dessen Sättigungsmanko $\{M_{Bd}^{Sg_i} - M^{Sg_i}\}$ ist.

Die Lösung der Differentialgleichung lautet:

$$M^{Sg_i} = M_{Bd}^{Sg_i} - \{M_{Bd}^{Sg_i} - M_0^{Sg_i}\} \cdot e^{-k_i \cdot \tau_i} \tag{36}$$

Darin sind:

M^{Sg_i} -Menge des Sachgutes Sg_i zum Zeitpunkt τ_i

$M_{Bd}^{Sg_i}$ - Erforderliche Menge des Sachgutes Sg_i zu dessen Bedarfsdeckung

$M_0^{Sg_i}$ - Vorhandene Menge des Sachgutes Sg_i zu Beginn des Wachstumsprozesses

k_i - Konstante

τ_i - Dauer des Wachstums bis zum Erreichen der Produktionsmenge M^{Sg_i}

Die Sachgüterproduktion unterteile ich in 3 Kategorien, die ich als $\alpha-$, $\beta-$ bzw. $\gamma-$ Sachgüter bezeichne:

1. Sachgüter, deren Produktionsmenge konstant bleibt ($\alpha-$Sachgüter). In diesem Fall ist in Gl. 36 $\tau = 0$ und $M^{Sg_i} = M_0^{Sg_i}$. Bedarfsdeckung liegt vor.

2. Bereits vorhandene Sachgüter, deren Produktionsmenge wächst ($\beta-$Sachgüter). Gl. 36 gilt in der vorliegenden Form.

3. Neu hinzukommende Sachgüter ($\gamma-$Sachgüter), für die $M_0^{Sg_i} = 0$ in Gl. 36 anzusetzen ist.

27

Unter Berücksichtigung dieser Sachverhalte nimmt Gl. 34 die Form

$$WP^{Pk} = \sum_{i=1}^{n_1} M_\alpha^{Sg_i} \cdot P_\alpha^{Sg_i} +$$

$$\sum_{i=1}^{n_2} [M_{Bd,\beta}^{Sg_i} - \{M_{Bd,\beta}^{Sg_i} - M_{0,\beta}^{Sg_i}\} \cdot e^{-k_i \cdot \tau_i}] \cdot P_\beta^{Sg_i} +$$

$$\sum_{i=1}^{n_3} M_{Bd,\gamma}^{Sg_i} \cdot \{1 - e^{-k_i \cdot \tau_i}\} \cdot P_\gamma^{Sg_i} \quad (37)$$

an. Die Sachgüterproduktion wächst um so schneller, je größer die Konstanten k_i sind, die man als lineare Funktionen der Arbeitsproduktivität $k_i = a_i \cdot AP^{Sg_i}$ betrachten kann. Dabei ist a_i der Anpassungsfaktor an die reale Wachstumsfunktion des jeweiligen Sachgutes.

Modifiziert man auf gleiche Weise Gl. 33, erhält man:

$$Z^{Pk} = \frac{1}{C \cdot D} \{ \sum_{i=1}^{n_1} \frac{M_\alpha^{Sg_i} \cdot P_\alpha^{Sg_i}}{AP_\alpha^{Sg_i} \cdot P_\alpha^{Sg_i}} +$$

$$\sum_{i=1}^{n_2} \frac{[M_{Bd,\beta}^{Sg_i} - \{M_{Bd,\beta}^{Sg_i} - M_{0,\beta}^{Sg_i}\} \cdot e^{-k_i \cdot \tau_i}] \cdot P_\beta^{Sg_i}}{AP_\beta^{Sg_i} \cdot P_\beta^{Sg_i}} +$$

$$\sum_{i=1}^{n_3} \frac{M_{Bd,\gamma}^{Sg_i} \cdot \{1 - e^{-k_i \cdot \tau_i}\} \cdot P_\gamma^{Sg_i}}{AP_\gamma^{Sg_i} \cdot P_\gamma^{Sg_i}} \} \quad (38)$$

Die Gleichungen 37 und 38 zeigen den Zusammenhang zwischen Arbeitskräftebedarf, Arbeitsproduktivität, Mengenwachstum der einzelnen Sachgüter Sg_i und Wachstum der Warenproduktion.

Sobald im Zeitraum zwischen den Jahren j_x und j_{x+a} eine vollständige Bedarfsdeckung erreicht wird, nehmen die Gleichungen 37 und 38 folgende Form an:

$$WP^{Pk} = \sum_{i=1}^{n} M^{Sg_i} \cdot P^{Sg_i} = \sum_{i=1}^{n_1} M_\alpha^{Sg_i} \cdot P_\alpha^{Sg_i} + \sum_{i=1}^{n_2} M_\beta^{Sg_i} \cdot P_\beta^{Sg_i} + \sum_{i=1}^{n_3} M_\gamma^{Sg_i} \cdot P_\gamma^{Sg_i} \quad (39)$$

bzw.

$$Z^{Pk} = \frac{1}{C \cdot D} \sum_{i=1}^{n} \frac{M^{Sg_i} \cdot P^{Sg_i}}{AP^{Sg_i} \cdot P^{Sg_i}} =$$

$$\frac{1}{C \cdot D} \{ \sum_{i=1}^{n_1} \frac{M_\alpha^{Sg_i} \cdot P_\alpha^{Sg_i}}{AP_\alpha^{Sg_i} \cdot P_\alpha^{Sg_i}} + \sum_{i=1}^{n_2} \frac{M_\beta^{Sg_i} \cdot P_\beta^{Sg_i}}{AP_\beta^{Sg_i} \cdot P_\beta^{Sg_i}} + \sum_{i=1}^{n_3} \frac{M_\gamma^{Sg_i} \cdot P_\gamma^{Sg_i}}{AP_\gamma^{Sg_i} \cdot P_\gamma^{Sg_i}} \} \quad (40)$$

Stellt man Gl. 26 (s. S. 25) nach t^{Sg_i} um und addiert über die Anzahl „n" aller innerhalb eines beliebigen Jahresabschnitts produzierten Sachgüter, erhält man

$$T^{Pk} = \sum_{i=1}^{n} t^{Sg_i} = \sum_{i=1}^{n} \frac{M^{Sg_i}}{AP^{Sg_i}} \tag{41}$$

Dabei steht T^{Pk} für die Arbeitszeit, die für die Herstellung der „n" Sachgüter bei konstanten Arbeitsproduktivitäten benötigt wurde. T^{Pk} geht in das Jahresarbeitszeitvolumen $\widehat{T}^{Pk}$ über, wenn die Gesamtheit der im Produktionskomplex zur Verfügung stehenden Arbeitskräfte $\widehat{Z}_V^{Pk}$ voll ausgeschöpft wird. Dabei ist die Anzahl der Produkte „n" durch die Art des Sortiments begrenzt. Diese Anzahl der Sachgüter bezeichne ich mit $\widehat{n}$. Unter Berücksichtigung dieser Sachverhalte und der Gleichung 27 (s. S. 25) nimmt Gl. 41 folgende Form an:

$$\widehat{T}^{Pk} = C \cdot D \cdot \widehat{Z}^{Pk} = \sum_{i=1}^{\widehat{n}} t^{Sg_i} = \sum_{i=1}^{\widehat{n}} \frac{M^{Sg_i}}{AP^{Sg_i}} \tag{42}$$

Das $\widehat{n}$ über dem Summenzeichen in Gl. 42 steht für die Anzahl der Sachgüter eines bestimmten Sortiments, die bei maximal möglicher Auslastung des Jahresarbeitszeitvolumens bei konstanten Arbeitsproduktivitäten im Verlaufe eines Jahres produziert werden können.

Multipliziert man Zähler und Nennen in Gl. 42 mit dem Preis P^{Sg_i} des jeweiligen Sachgutes, ergeben sich folgende Beziehungen zwischen Jahresarbeitszeitvolumen, Warenproduktion, Arbeitskräftebedarf und den Arbeitsproduktivitäten bei der Herstellung der Sachgüter:

$$\widehat{T}^{Pk} = C \cdot D \cdot \widehat{Z}^{Pk} = \sum_{i=1}^{\widehat{n}} \frac{M^{Sg_i} \cdot P^{Sg_i}}{AP^{Sg_i} \cdot P^{Sg_i}} \tag{43}$$

$$Z^{Pk} = \frac{1}{C \cdot D} \sum_{i=1}^{\widehat{n}} \frac{M^{Sg_i} \cdot P^{Sg_i}}{AP^{Sg_i} \cdot P^{Sg_i}} \tag{44}$$

Das Verhältnis

$$\sigma = \frac{1}{\widehat{T}_V} \cdot \sum_{i=1}^{n} \frac{M^{Sg_i}}{AP^{Sg_i}} \tag{45}$$

kennzeichnet den Grad der Auslastung des Produktionskomplexes, den ich mit σ bezeichne.

Die in den bisherigen Abschnitten entwickelten Gleichungen 1 bis 45 beschreiben realitätsnah wesentliche in einer arbeitsteiligen Volkswirtschaft existierende ökonomische Verflechtungen und Prozesse zwischen den jeweiligen Wirtschaftsparametern bzw. Wirtschaftskomplexen, so dass auf Grundlage dieser Gleichungen die Entwicklungstendenz profitorientierter Volkswirtschaften vorhersagbar ist. Dieser Problematik ist der nächste Abschnitt gewidmet.

10 Die Entwicklungstendenz profitorientierter Volkswirtschaften

10.1 Geschlossene Volkswirtschaften

Ein Gemeinwesen ist ein sozio-ökonomischen System, dessen Zustand auf das Zusammenspiel sozialer und ökonomischer Gegebenheiten zurückzuführen ist. Wie wir gesehen haben, ist in einer geschlossenen Volkswirtschaft die Summe aller Einnahmen und Ausgaben immer gleich Null, wobei der Vielfalt möglicher Parameterkonfigurationen keine Grenzen gesetzt sind.

In der gesellschaftlichen Praxis werden sich nur Konfigurationen von Wirtschaftsparametern durchsetzen, die einen sozialen Status des Gemeinwesens ermöglichen, der mehrheitlich von dessen Mitgliedern, zumindest zeitweilig, akzeptiert wird. Eine solche Konfiguration der Wirtschaftsparameter bezeichne ich im Weiteren als α-Konfiguration.

Eine geschlossene Volkswirtschaft V_g befindet sich unter folgenden Bedingungen im ökonomischen Gleichgewicht,

$$\Delta_{V_g}^{Pk} > 0 \quad \Delta_{V_g}^{Dk} > 0 \quad \Delta_{V_g}^{Bk} > 0 \quad \Delta_{V_g}^{Stk} \geq 0 \quad \Delta_{V_g}^{Pg_{i.a}} > 0 \quad \text{(i=1 bis 6)}$$

was nicht bedeutet, dass deren sozio-ökonomischer Status durch eine α-Konfiguration gekennzeichnet ist. Von entscheidender Bedeutung für eine α-Konfiguration sind Höhe und Verteilung der Arbeitseinkommen, der Renten und Pensionen sowie die durch den Staatskomplex zu erbringenden Sozialleistungen.

Als Grundlage für die Analyse der Entwicklungstendenz geschlossener profitorientierter Volkswirtschaften wähle ich eine α-Konfiguration der Wirtschaftsparameter in Abb. 5 auf Seite 14, die durch folgende Randbedingungen bestimmt sei:

- Die Arbeitslosigkeit tendiert gegen Null, d.h. im Gemeinwesen herrscht annähernd Vollbeschäftigung.

- Höhe und Verteilung der Arbeitseinkommen, Renten und Pensionen, sowie die Sozialleistungen des Staatskomplexes sind so gestaltet, dass sie mehrheitlich durch die Mitglieder des Gemeinwesens positiv bewertet und akzeptiert werden.

- Der Haushalt des Staatskomplexes ist ausgeglichen, d.h. $\Delta_{V_g}^{Stk} = 0$.

- Die Differenzen zwischen Einnahmen und Ausgaben des Produktions-, Dienstleistungs- und Bankenkomplexes sowie für die Personengruppen sind größer als Null.

Das Gemeinwesen befindet sich unter diesen Bedingungen im sozio-ökonomischen Status einer sozialen Marktwirtschaft, deren Parameterkonfiguration ich als α_1-Konfiguration bezeichne. Der Status dieser als Ausgangspunkt gewählten α_1-Konfiguration ist also durch folgende Merkmale gekennzeichnet:

- $\Delta_{V_g,\alpha_1}^{Pk} > 0 \quad \Delta_{V_g,\alpha_1}^{Dk} > 0 \quad \Delta_{V_g,\alpha_1}^{Bk} > 0 \quad \Delta_{V_g,\alpha_1}^{Stk} = 0 \quad \Delta_{V_g,\alpha_1}^{Pg_{i.a}} > 0 \quad \text{(i=1 bis 6)}$

- Arbeitslosigkeit $\to 0$

- Höhe und Verteilung der Arbeitseinkommen, Renten, Pensionen und Sozialleistungen werden mehrheitlich akzeptiert

Das entscheidende Wesensmerkmal einer profitorientierten Marktwirtschaft ist der ökonomische Wettbewerb, die treibende Kraft der sich entwickelnden Volkswirtschaft. Er entspringt zwangsläufig aus der Verfahrensweise Sachgüter und Dienstleistungen auf der Grundlage von Angebot und Nachfrage über den Markt zu veräußern. Die Teilnahme am Markt steht jedem offen.

Die Leistungsfähigkeit im Wertschöpfungsprozess einer Volkswirtschaft kann anhand der Gl. 43 (s. S. 29)

$$\widehat{T}^{Pk} = C \cdot D \cdot \widehat{Z}^{Pk} = \sum_{i=1}^{\widehat{n}} \frac{M^{Sg_i} \cdot P^{Sg_i}}{AP^{Sg_i} \cdot P^{Sg_i}}$$

bewertet werden. Je höher die Arbeitsproduktivität für die einzelnen Sachgüter AP^{Sg_i} und um so größer die Anzahl der mit entsprechender Qualifikation zur Verfügung stehenden Arbeitskräfte $\widehat{Z}^{Pk}$, desto umfangreicher kann das Sachgütersortiment bzw. das Produktionsvolumen in erforderlicher Qualität gestaltet werden. Die Volkswirtschaft wächst solange in Sortiment und Menge, bis das volkswirtschaftliche Jahresarbeitszeitvolumen $\widehat{T}^{Pk}$ ausgeschöpft ist.

Ein sich daran anschließendes Wachstum kann in einer geschlossenen Volkswirtschaft generiert werden, wenn es gelingt, die Arbeitsproduktivität bei der Herstellung der α- und β-Sachgüter (s.S.27) zu steigern. Wenn die Steigerung der Arbeitsproduktivität infolge des wissenschaftlich-technischen und technologischen Fortschritts so ausfällt, dass dadurch noch vorhandene Bedarfslücken bei diesen Sachgütern abgedeckt und gleichzeitig Arbeitskräfte freigesetzt werden, ist ein zusätzliches Wachstum der Warenproduktion durch die Herstellung neuer Sachgüter (γ-Sachgüter) mit Hilfe eines Teils der freigesetzten Arbeitskräfte möglich, die eine entsprechende Qualifikation bereits aufweisen müssen bzw. über geeignete Schulungsmaßnahmen für die neuen Arbeitsaufgaben qualifiziert werden. Ein Teil der freigesetzten Arbeitskräfte gerät in Langzeitarbeitslosigkeit, wenn Qualifizierungs- bzw. Umschulungsmaßnahmen nicht mehr angezeigt sind. Arbeitskräfte, die zu diesem Zeitpunkt das Rentenalter erreicht haben, werden in den Ruhestand versetzt. Unter diesen Bedingungen wird das volkswirtschaftliche Jahresarbeitszeitvolumen $\widehat{T}^{Pk}$ wieder voll ausgeschöpft, wobei eine vollständige Bedarfsdeckung bei den neuen Erzeugnissen nicht unbedingt gegeben ist. Eine weitere Steigerung der Arbeitsproduktivitäten würde zu einer Wiederholung des eben dargestellten Wachstumsprozesses der Volkswirtschaft führen, so dass die Vermutung nahe liegt, dass dieser Wachstumsprozess sich scheinbar unbegrenzt fortsetzen lässt.

Es versteht sich von selbst, dass die Warenproduktion einer Volkswirtschaft über neu hinzukommende Erzeugnisse um so langsamer wächst, je größer das Warensortiment und der dazugehöriger Produktionsausstoß an Sachgütern sind.

Ausdruck dafür ist z.B. die sinkende Wachstumsrate $WR^{Pk}_{j_x,j_{x+a}}$ zwischen den Jahren j_x und j_{x+a}:

$$WR^{Pk}_{j_x,j_{x+a}} = \frac{\sum_{i=1}^{n_3}(M^{Sg_i}_{\gamma} \cdot P^{Sg_i}_{\gamma})_{j_{x+a}}}{WP^{Pk}_{j_{x+a}}} \to 0 \quad bei \quad steigendem \quad a. \qquad (46)$$

Da für die Herstellung neuer Sachgüter weitaus weniger Arbeitskräfte als für die Produktion bereits vorhandener Sachgüter erforderlich sind, werden bei anhaltender Steigerung der Arbeitsproduktivität ab einem bestimmten Zeitpunkt weitaus mehr Arbeitskräfte freigesetzt, als für die Produktion neuer Erzeugnisse benötigt werden.

Die Steigerung der Arbeitsproduktivität ist eine objektive Notwendigkeit im Konkurrenzkampf zwischen Unternehmen einer profitorientierten Volkswirtschaft, so dass im Laufe der Zeit von einer unumkehrbaren Zunahme der Langzeitarbeitslosigkeit im Produktionskomplex auszugehen ist. Wachsende Langzeitarbeitslosigkeit im Produktionskomplex hat, wie die Verflechtungen der Wirtschaftsparameter in Abb. 5 (s. S. 14) zeigen, u.a. folgende Auswirkungen auf die geschlossene Volkswirtschaft insgesamt :

- Verringerung des Bruttoarbeitseinkommens $BAE^{Pg_{1.a}}$ der Personengruppe $Pg_{1.a}$.

- Rückgang der Ausgaben der Personengruppe $Pg_{1.a}$ für Individualsachgüter $A^{Pg_{1.a}}_{S_1}$, allgemeine Dienstleistungen $A^{Pg_{1.a}}_{ADL}$ und Kredite.

- Verringerung bzw. Ausfall der staatlichen Abgaben der Personengruppe $Pg_{1.a}$ an den Staatskomplex.

- Verringerung der Einnahmen im Dienstleistungs-, Banken- und Staatskomplex, gekoppelt mit einem Rückgang der Ausgaben dieser Wirtschaftskomplexe u.a. für die Sachgüter S_1, S_2 und S_3.

- Freisetzung von Arbeitskräften im Dienstleistungs- und Bankenkomplex mit zeitlicher Verzögerung zum Produktionskomplex.

- Rückgang der Warenproduktion im Produktionskomplex. Stagnation bzw. Schrumpfung der Volkswirtschaft, bis ein neues Gleichgewicht zwischen Angebot und Nachfrage auf niedrigerem Niveau eintritt.

- Verminderung der staatlichen Abgaben aus dem Produktions-, Dienstleistungsbzw. Bankenkomplex.

- Der Staatskomplex kann seine gesamtgesellschaftlichen Aufgaben nicht mehr erfüllen, ohne sich zu verschulden.

Diese Prozesse werden in einer geschlossenen profitorientierten Volkswirtschaft infolge steigender Arbeitsproduktivität immer wieder aufs Neue zyklisch generiert, so dass die

Volkswirtschaft den Status der α_1-Konfiguration verliert und allmählich in eine immer niedrigere α-Konfiguration übergeht. Dieser Sachverhalt führt letztlich zu sozioökonomischen Instabilitäten und gesamtgesellschaftlichen Verwerfungen in einer geschlossenen profitorientierten Volkswirtschaft, die nur durch Änderungen in der Aufbau- und Prozessorganisation behoben werden können.

Der wissenschaftlich-technische und technologische Fortschritt, der den Menschen zum Vorteil gereichen sollte, wird durch die Systemorganisation einer geschlossenen profitorientierten Volkswirtschaft ausgebremst und führt zu einer sich verstärkenden sozioökonomischen Ungleichheit der Menschen in einem solchen Gemeinwesen.

10.2 Offene Volkswirtschaften

Ein Vergleich der monetären Kreisläufe in den Abb. 5 und 6 auf den Seiten 14 und 19 zeigt uns, dass die innerwirtschaftlichen Prozesse in geschlossenen bzw. offenen Volkswirtschaften gleichartig ablaufen, mit dem Unterschied, dass diese in offenen Volkswirtschaften durch die Außenwirtschaftsbeziehungen in Form von Ex- und Importen von Sachgütern, Dienstleistungen und Kapital überlagert werden. Um die Auswirkungen der Außenwirtschaftsbeziehungen auf offene Volkswirtschaften zu analysieren, sind die Rahmenbedingungen, unter denen die konkreten Außenwirtschaftsprozesse ablaufen, zu berücksichtigen. Weiterhin ist zur Untersuchung der Entwicklungstendenz offener Volkswirtschaften eine Unterteilung der Warenproduktion in folgende Sachgütergruppen zweckmäßig:

- Durch Importe gefährdete Sachgüter(GS)

     Das sind Sachgüter aus eigener Produktion, die in Qualität und Preis mit vergleichbaren Sachgütern aus Importen in Konkurrenz stehen. Im Falle eines Imports können sie zum Teil oder ganz durch importierte Sachgüter abgelöst werden.

- Durch Importe nicht gefährdete Sachgüter (NGS)

- Exportsachgüter (S_4) (s. S. 9)

Sachgüter, die in der eigenen Volkswirtschaft nicht hergestellt werden bzw. nicht zur Verfügung stehen, aber für die Aufrechterhaltung der Wirtschaftsprozesse und des Lebensstandards benötigt werden, bezeichne ich als λ-Sachgüter (λS).

Die Warenproduktion einer offenen Volkswirtschaft lässt sich als Summe der oben genannten Sachgütergruppen (GS, NGS, S_4) wie folgt darstellen:

$$WP_{V_o}^{Pk} = \sum_{i=1}^{n} M_{V_o}^{Sg_i} \cdot P_{V_o}^{Sg_i} =$$

$$\sum_{i=1}^{n_1} M_{GS,V_o}^{Sg_i} \cdot P_{GS,V_o}^{Sg_i} + \sum_{i=1}^{n_2} M_{NGS;V_o}^{Sg_i} \cdot P_{NGS,V_o}^{Sg_i} + \sum_{i=1}^{n_3} M_{S_4,V_o}^{Sg_i} \cdot P_{S_4,V_o}^{Sg_i} \quad (47)$$

33

Die Differenz zwischen der Gesamtheit der Exporte und Importe $\Delta_{V_o}^{exp/imp}$ kann größer, kleiner oder gleich Null sein. Die Export-Import-Bilanz ist größer als Null bzw. ausgeglichen ($\Delta_{V_o}^{exp/imp} \geq 0$), wenn folgende Beziehung gilt:

$$\sum_{i=1}^{n_3} M_{S_4,V_o}^{Sg_i} \cdot P_{S_4,V_o}^{Sg_i} \geq \sum_{i=1}^{k} M_{GS,V_o}^{Sg_i} \cdot P_{GS,V_o}^{Sg_i} + \sum_{i=1}^{m} M_{\lambda S,V_o}^{Sg_i} \cdot P_{\lambda S,V_o}^{Sg_i} \qquad mit \qquad k \leq n_1 \quad (48)$$

Dabei entspricht n_1 gemäß Gl. 47 der Gesamtzahl der durch Importe gefährdeten Sachgüter und k der Anzahl dieser Sachgüter, die durch vergleichbare importierte Sachgüter verdrängt werden.

Eine positive Export-Import-Bilanz allein ist noch kein Hinweis darauf, dass sich die Volkswirtschaft im sozio-ökonomischen Gleichgewicht befindet. Dieser Zustand ist erst dann gegeben, wenn sie auch gleichzeitig durch einen sozio-ökonomischen Status gekennzeichnet ist, der in der Nähe einer α_1-Konfiguration liegt.

Die sozio-ökonomische Entwicklungstendenz offener Volkswirtschaften hängt in erster Linie von den konkreten Rahmenbedingungen ab, unter denen sie sich vollzieht. Bestandteil der Rahmenbedingungen sind Festlegungen und Verfahrensweisen, die die Entwicklung eines Gemeinwesens in seiner Gesamtheit betreffen.

Betrachten wir dazu offene Volkswirtschaften, die sich im Jahre j_x im Status einer α-Konfiguration befinden, und untersuchen in Abhängigkeit von unterschiedlichen konkreten Rahmenbedingungen, in die sie eingebettet sind, wie sie sich im Zeitraum zwischen den Jahren j_x und j_{x+a} entwickeln.

Volkswirtschaften vom Typ A ($V_{o,\alpha}^A$)

Geltende Rahmenbedingungen

- Die Volkswirtschaften befindet sich im Jahre j_x im sozio-ökonomischen Status einer α-Konfiguration.

- Die Volkswirtschaften verfügen über eine eigene Währung und können Zölle auf importierte Sachgüter und Dienstleistungen erheben. Über eine Erhebung von Zöllen bzw. eine Änderung des Wechselkurses der Landeswährungen können Importe von Konkurrenzprodukten zum Schutze von Unternehmen der eigenen Volkswirtschaft gezielt gedrosselt werden.

- Die Volkswirtschaften verfügen über ein sehr breites Sachgütersortiment in hoher Qualität, insbesondere an hochwertigen Industrieerzeugnissen und großen bzw. ausbaubaren Produktionskapazitäten. Den Volkswirtschaften stehen qualifizierte Arbeitskräfte in hoher Zahl zur Verfügung, die zudem in unterschiedlichen Arbeitsbereichen flexibel einsetzbar sind bzw. relativ schnell für andere Tätigkeiten umgeschult werden können.

- Die Leistungsfähigkeit im Wertschöpfungsprozess der Volkswirtschaften ist durch ein hohes volkswirtschaftliches Arbeitszeitvolumen $\widehat{T}_{V_{o,\alpha}^A}^{Pk}$ gekennzeichnet:

$$\widehat{T}_{V_{o,\alpha}^A}^{Pk} = C \cdot D \cdot \widehat{Z}_{V_{o,\alpha}^A}^{Pk} = \sum_{i=1}^{\widehat{n}} \frac{M_{V_{o,\alpha}^A}^{Sg_i} \cdot P_{V_{o,\alpha}^A}^{Sg_i}}{AP_{V_{o,\alpha}^A}^{Sg_i} \cdot P_{V_{o,\alpha}^A}^{Sg_i}}$$

- Es werden hauptsächlich Sachgüter importiert, die das eigene Sachgütersortiment ergänzen. Gleiches gilt für die Inanspruchnahme von Dienstleistungen aus anderen Volkswirtschaften.

- Die Sachgüter aus eigener Produktion sind auf den internationalen Märkten in Qualität und Preis konkurrenzfähig bzw. der Konkurrenz überlegen.

- Nur ein geringer Teil der für den Inlandmarkt produzierten Sachgüter wird durch Sachgüter aus anderen Volkswirtschaften verdrängt.

- Die Volkswirtschaften verfügen über ein wissenschaftlich-technisches und ökonomisches Potential, um ihre internationale Wettbewerbsfähigkeit bei der Entwicklung und Bereitstellung von Sachgütern in erforderlicher Qualität und Menge zu weltmarktfähigen Preisen im Zeitraum zwischen den Jahren j_x und j_{x+a} durchgängig zu sichern.

- Für die Haushalte der Staatskomplexe gilt im Zeitraum zwischen den Jahren j_x und j_{x+a} die Ungleichung $\Delta_{V_{o,\alpha}^A}^{Stk} \geq 0$.

- Die innerwirtschaftlichen Prozesse der Volkswirtschaften laufen in Analogie zu einer geschlossenen Volkswirtschaft ab, werden jedoch durch die Außenwirtschaftsprozesse überlagert.

Auswirkung der geltenden Rahmenbedingungen

- Eine Drosselung der Importe durch eine gezielte Anhebung der Zölle auf ausgewählte Sachgüter erfolgt nur in Ausnahmefällen. Eine Änderung des Wechselkurses der Landeswährung zum generellen Schutz der eigenen Volkswirtschaften vor importierten Konkurrenzprodukten ist nicht erforderlich.

- Für die Volkswirtschaften gilt die Ungleichung

$$\sum_{i=1}^{n_3} M_{S_4,V_{o,\alpha}^A}^{Sg_i} \cdot P_{S_4,V_{o,\alpha}^A}^{Sg_i} > \sum_{i=1}^{k} M_{GS,V_{o,\alpha}^A}^{Sg_i} \cdot P_{GS,V_{o,\alpha}^A}^{Sg_i} + \sum_{i=1}^{m} M_{\lambda S,V_{o,\alpha}^A}^{Sg_i} \cdot P_{\lambda S,V_{o,\alpha}^A}^{Sg_i} \qquad mit \qquad k \to 0$$

- Die Volkswirtschaften $V_{o,\alpha}^A$ können in Abhängigkeit von der Bedarfsentwicklung im Inland und im Export bei steigender Arbeitsproduktivität solange wachsen, bis ihr jeweiliges volkswirtschaftliche Jahresarbeitszeitvolumen im Produktionskomplex $\widehat{T}_{V_{o,\alpha}^A}^{Pk}$ voll ausgeschöpft ist.

35

- Die infolge importierter Konkurrenzsachgüter und einer steigenden Arbeitsproduktivität freigesetzten Arbeitskräfte können zum Großteil in die sich ausweitende Produktion von Exportsachgütern eingesetzt werden. Bei Erfordernis wird ausländischen Arbeitskräften der Zuzug gewährt, um den eventuell steigenden Bedarf an Arbeitskräften abzudecken. Voraussetzung dafür ist, dass zunehmend neue Exportmärkte durch die Volkswirtschaften erschlossen werden.

- Die Einnahmen aus den Exportüberschüssen und Teile des Gewinns können für eine weitere Steigerung der Leistungsfähigkeit der Volkswirtschaften und einer Anhebung des allgemeinen Lebensniveaus der Mitglieder der Gemeinwesen eingesetzt werden. Zum Teil fließen die Gewinne in das Privatvermögen der Unternehmer.

- Es sind die Voraussetzungen dafür gegeben, dass die Volkswirtschaften langfristig auf den internationalen Märkten konkurrenzfähig bleiben und in die α_1-Konfiguration übergehen.

- Die erfolgreiche Entwicklung der Volkswirtschaften $V_{o,\alpha}^A$ gerät nach und nach in eine sich verstärkende Abhängigkeit von den Exportmärkten. Andauernde Exportüberschüsse bedeuten, dass sich schwächere, importierende Volkswirtschaften zunehmend verschulden. Wenn Sachgüter aus eigener Produktion der importierenden Volkswirtschaften durch importierte Konkurrenzsachgüter verdrängt werden, kommt es zur Freisetzung von Arbeitskräften in den importierenden Volkswirtschaften. Dieser Entwicklung kann in den importierenden Volkswirtschaften nur entgegengewirkt werden, wenn sie objektiv in der Lage sind ihre eigenen Volkswirtschaften international konkurrenzfähig zu gestalten. In einem solchen Fall ist mit einem Rückgang der Importe zu rechnen, da Sachgüter aus eigener Produktion nicht mehr durch importierte Sachgüter verdrängt bzw. bisherige Importe durch die Produktion eigener Sachgüter abgelöst werden. Anderenfalls werden sich die importierenden Länder mehr und mehr verschulden, wenn sie das Lebensniveau ihrer Bevölkerung ähnlich wie in den erfolgreichen exportierenden Volkswirtschaften aufrechterhalten wollen, was auf die Dauer nicht geht. In beiden Fällen kommt es zu einem Rückgang der Einfuhren bei den importierenden Volkswirtschaften, was eine Verringerung der Exporte und eine Freisetzung von Arbeitskräften bei den exportierenden Volkswirtschaften nach sich zieht. Einem Ausweichen auf andere Exportmärkte sind Grenzen gesetzt, weil sich die Volkswirtschaften $V_{o,\alpha}^A$ in Konkurrenz untereinander auf den internationalen Märkten befinden. Es ist nur eine Frage der Zeit, bis die Volkswirtschaften $V_{o,\alpha}^A$ den sozio-ökonomischen Status der α_1-Konfiguration verlieren und in eine niedrigere α-Konfiguration abgleitet. Die dargestellten Prozesse sind in der Tendenz unumkehrbar und vollziehen sich relativ langsam innerhalb größerer Zeiträume.

Volkswirtschaften vom Typ B ($V_{o,\alpha}^B$)

Geltende Rahmenbedingungen

- Die Volkswirtschaften befinden sich im Jahre j_x im sozio-ökonomischen Status einer α-Konfiguration.

- Die Volkswirtschaften verfügen über eine eigene Währung und können Zölle auf importierte Sachgüter und Dienstleistungen erheben. Über eine Erhebung von Zöllen bzw. eine Änderung des Wechselkurses der Landeswährungen kann der Import von Konkurrenzprodukten zum Schutze von Unternehmen der eigenen Volkswirtschaft gezielt gedrosselt werden.

- Die Leistungsfähigkeit im Wertschöpfungsprozess der Volkswirtschaften $V_{o,\alpha}^B$ in Bezug auf das volkswirtschaftliche Arbeitszeitvolumen $\widehat{T}_{V_{o,\alpha}^B}^{Pk}$ ist wesentlich geringer als die der Volkswirtschaften $V_{o,\alpha}^A$, d.h. bei $C = const.$ und $D = const.$ folgt aus Gl. 43 (s. S. 29)

$$\widehat{T}_{V_{o,\alpha}^B}^{Pk} \ll \widehat{T}_{V_{o,\alpha}^A}^{Pk} \qquad \widehat{Z}_{V_{o,\alpha}^B}^{Pk} \ll \widehat{Z}_{V_{o,\alpha}^A}^{Pk} \qquad \sum_{i=1}^{\widehat{p}} \frac{M_{V_{o,\alpha}^B}^{Sg_i} \cdot P_{V_{o,\alpha}^B}^{Sg_i}}{AP_{V_{o,\alpha}^B}^{Sg_i} \cdot P_{V_{o,\alpha}^B}^{Sg_i}} \ll \sum_{i=1}^{\widehat{n}} \frac{M_{V_{o,\alpha}^A}^{Sg_i} \cdot P_{V_{o,\alpha}^A}^{Sg_i}}{AP_{V_{o,\alpha}^A}^{Sg_i} \cdot P_{V_{o,\alpha}^A}^{Sg_i}}$$

- Nur ein Teil der für das Inland und den Export produzierten Sachgüter ist auf den internationalen Märkten konkurrenzfähig. Der Anteil hochwertiger Industriesachgüter an der gesamten Warenproduktion ist relativ gering.

- Die Volkswirtschaften verfügen über kein ausreichend entwickeltes wissenschaftlich-technisches und ökonomische Potential, um die internationale Wettbewerbsfähigkeit bei der Entwicklung und Bereitstellung von Sachgütern in erforderlicher Qualität und Menge zu weltmarktfähigen Preisen im Zeitraum zwischen den Jahren j_x und j_{x+a} zu gewährleisten.

- Die Volkswirtschaften $V_{o,\alpha}^B$ sind im Zeitraum zwischen den Jahren j_x und j_{x+a} gezwungen eine Vielzahl von Importen zu tätigen, um die volkswirtschaftlichen Prozesse und das gewohnte Lebensniveau der Bevölkerungen aufrecht zu erhalten. Die Export-Import-Bilanz in diesem Zeitraum ist negativ: $\Delta_{V_o}^{exp/imp} < 0$. Gleiches gilt für den Haushalt des Staatskomplexes in diesem Zeitraum: $\Delta_{V_{o,\alpha}^B}^{Stk} < 0$.

Auswirkung der geltenden Rahmenbedingungen

- Importe von Konkurrenzsachgütern werden mit Zöllen belegt, um einheimische Unternehmen vor Konkurrenzunternehmen aus anderen Volkswirtschaften zu schützen. Eine Änderung des Wechselkurses der Landeswährungen zum Schutz der eigenen Volkswirtschaften vor Importen ist nicht ausgeschlossen.

- Infolge unzureichender wissenschaftlich-technischer und technologischer Innovationen stagnieren diese Volkswirtschaften und geraten in eine Rezession.

- Für die Volkswirtschaften gilt die Ungleichung

$$\sum_{i=1}^{n_3} M_{S_4,V_{o,\alpha}^B}^{Sg_i} \cdot P_{S_4,V_{o,\alpha}^B}^{Sg_i} < \sum_{i=1}^{k} M_{GS,V_{o,\alpha}^B}^{Sg_i} \cdot P_{GS,V_{o,\alpha}^B}^{Sg_i} + \sum_{i=1}^{m} M_{\lambda S,V_{o,\alpha}^B}^{Sg_i} \cdot P_{\lambda S,V_{o,\alpha}^B}^{Sg_i} \quad mit \quad k \to n_1$$

- Die Volkswirtschaften werden sich im Zeitraum zwischen den Jahren j_x und j_{x+a} zunehmend verschulden, wenn keine Reduzierung der Importe, zumindest auf das Niveau der Exporte, erfolgt. Eine Verringerung der Importe von λ-Sachgütern führt zu einer Minderung der sozio-ökonomischen Verhältnisse und einer Zunahme der Unzufriedenheit in den Gemeinwesen. Die Volkswirtschaften gehen in eine niedrigere Stufe der α-Konfiguration über.

- Die Volkswirtschaften werden sich im Zeitraum zwischen den Jahre j_x und j_{x+a} zunehmend verschulden: $\Delta_{V_{o,\alpha}^B}^{Stk} \leq 0$

Volkswirtschaften vom Typ C ($V_{o,\alpha}^C$)

Geltende Rahmenbedingungen

- Die Volkswirtschaften befinden sich im Jahre j_x im sozio-ökonomischen Status einer α-Konfiguration.

- Die Volkswirtschaften $V_{o,\alpha}^C$ gehören einer Wirtschafts-, Währungs- und Zollunion an. Zölle auf Warenlieferungen zwischen den Volkswirtschaften werden nicht erhoben. Sie verfügen über eine gemeinsame Währung und einen gemeinsamen Binnenmarkt, wie in der Europäischen Union.

- Die Leistungsfähigkeiten der Volkswirtschaften im Wertschöpfungsprozess sind gemessen am volkswirtschaftlichen Arbeitszeitvolumen $\widehat{T}_{V_{o,\alpha}^C}^{Pk}$ (Gl. 43, S. 29) sehr unterschiedlich.

- Die Produktionsunternehmen der einzelnen Volkswirtschaften befinden sich im unmittelbaren Konkurrenzkampf auf dem Binnenmarkt, so dass der Schutz eigener Unternehmen einer Volkswirtschaft vor Konkurrenzunternehmen aus anderen Volkswirtschaften der Wirtschafts-, Währungs- und Zollunion ausgeschlossen ist.

- Das wissenschaftlich-technische und ökonomische Potenzial zur Sicherung der internationalen Wettbewerbsfähigkeit über Innovationen bei der Herstellung und Vermarktung von Sachgütern ist in den einzelnen Volkswirtschaften sehr unterschiedlich entwickelt.

Auswirkung der geltenden Rahmenbedingungen

- Volkswirtschaften mit einer hohen Leistungsfähigkeit, einer höheren Arbeitsproduktivität und einem breiteren Sortiment an Sachgütern in hoher Qualität sind gegenüber schwächeren bzw. kleineren Volkswirtschaften insbesondere dann im Vorteil, wenn es bei Konkurrenzsachgütern viele Überschneidungen gibt.

- Bei schwächeren Volkswirtschaften entstehen vor allem dann sozio-ökonomische Instabilitäten, wenn permanent folgende Ungleichung gilt und k gegen n_1 strebt:

$$\sum_{i=1}^{n_3} M_{S_4,V_o}^{Sg_i} \cdot P_{S_4,V_o}^{Sg_i} < \sum_{i=1}^{k} M_{GS,V_o}^{Sg_i} \cdot P_{GS,V_o}^{Sg_i} + \sum_{i=1}^{m} M_{\lambda S,V_o}^{Sg_i} \cdot P_{\lambda S,V_o}^{Sg_i} \qquad mit \qquad k \to n_1$$

Je höher der Wert für k ist, umso mehr Arbeitskräfte werden freigesetzt. Wenn bei Beibehaltung des Lebensniveaus in solchen Volkswirtschaften eine Reduzierung der Importe bei λ-Sachgütern und eine Innovation bei der Herstellung eigener Sachgüter nicht möglich erscheint, wird sich der Staatskomplex dieser Volkswirtschaften immer mehr verschulden ($\Delta_{V_o}^{Stk} < 0$).

- Stärkere Volkswirtschaften werden solange wachsen, bis die Nachfrage nach ihren Sachgütern in der Wirtschafts-, Währungs- und Zollunion sowie in Drittländern nicht nachlässt und die Nachfrage nach Sachgütern das vorhandene volkswirtschaftliche Jahresarbeitszeitvolumen nicht überschreitet. Während in schwächeren Volkswirtschaften Arbeitskräfte freigesetzt werden, wächst der Arbeitskräftebedarf in den stärkeren Volkswirtschaften, was zu einer Abwanderung u.a. von Fachkräften aus schwächeren in stärkeren Volkswirtschaften führt. Die sozio-ökonomischen Ungleichheiten zwischen den Volkswirtschaften nehmen in der Tendenz zu, wobei stärkere Volkswirtschaften sich in Richtung der α_1-Konfiguration bewegen und schwächere Volkswirtschaften in eine immer niedrigere α-Konfiguration abrutschen.

- Stärkere Volkswirtschaften exportieren nicht nur Sachgüter, sondern auch Arbeitslosigkeit, wenn durch die Exporte in den importierenden Ländern deren Eigenproduktion schrumpft.

- Mit zunehmender Verschuldung der schwächeren Volkswirtschaften werden deren Importe sinken, so dass auch das Exportvolumen der stärkeren Volkswirtschaften ab einem bestimmten Zeitpunkt stagniert bzw. rückläufig wird, wenn keine neuen Exportmärkte erschlossen werden. Die Folge ist, dass in den stärkeren Volkswirtschaften Arbeitskräfte freigesetzt werden, die zum großen Teil unmittelbar in Langzeitarbeitslosigkeit geraten. Diese Entwicklung wird insbesondere durch eine drastische Steigerung der Arbeitsproduktivität im Produktions-, Dienstleistungs- und Bankenkomplex infolge einer weitgehenden Digitalisierung der Arbeitsprozesse verstärkt. Diese Prozesse sind in der Tendenz unumkehrbar und führen längerfristig zu gravierenden sozio-ökonomischen Instabilitäten in den Gemeinwesen.

11 Quo vadis Profitwirtschaft?

Die bisherigen Ausführungen belegen, dass die in einer profitorientierten Marktwirtschaft ablaufenden sozio-ökonomischen Prozesse objektiv durch die Systemorganisation der Marktwirtschaft bedingt sind und immer wieder zu gesellschaftlichen Verwerfungen und Instabilitäten führen. Wer sich für die Marktwirtschaft entscheidet, ist in seinen Handlungsweisen dem Dämon Wettbewerb unterworfen. Er ist die treibende Kraft im sozialen und ökonomischen Fortschritt und spaltet zugleich ein Gemeinwesen in einem sich verstärkenden Maße in Arm und Reich. Es geht u.a. um soziale Gerechtigkeit im Sinne von Chancengleichheit und sozialer Sicherheit, um wachsende Ungleichheit bei den Einkommen, um Langzeitarbeitslosigkeit und Bildungschancen, um Kinder- und Altersarmut, um nur einige der sozialen Brennpunkte zu nennen.

Bekanntlich gibt es die unterschiedlichsten Vorstellungen darüber, wie Fehlentwicklungen im sozio-ökonomischen Bereich behoben werden können. Manche sind der Auffassung, dass sich die zu beobachtenden Defizite durch die Förderung eines volkswirtschaftlichen Wachstums und das Zusammenspiel der Marktkräfte automatisch von selbst beheben. Andere setzen darauf, dass durch die Umverteilung der Einkommen von Oben nach Unten soziale Sicherheit und Gerechtigkeit erreicht werden können. In diesem Zusammenhang wurden Vorstellungen von einem bedingungslosen Grundeinkommen entwickelt, um soziale Missstände bei den Einkommensverhältnissen abzumildern. Die Einführung eines solchen Grundeinkommens ist nichts Anderes als die Zementierung des Status quo in den sozialen Verhältnissen. Eine langfristige und nachhaltige Finanzierung über staatliche Abgaben bzw. die Tobin-Steuer ist auszuschließen. Die gesellschaftsweite Einführung von Robotern und künstlicher Intelligenz wird die Menschen in vielen Wirtschaftsbereichen in absehbarer Zeit von routinemäßigen körperlichen und geistigen Tätigkeiten befreien, was zu einem drastischen und unumkehrbaren Anstieg der Arbeitslosigkeit führt. Außerdem ist festzustellen, dass die Bezieher eines bedingungslosen Grundeinkommens auf Kosten anderer Menschen leben, was mit sozialer Gerechtigkeit nichts zu tun hat.

Die Analyse der Entwicklungstendenz profitorientierter Volkswirtschaften führt zu folgenden Vorhersagen:

- Die ungleichmäßige ökonomische und politische Entwicklung der Volkswirtschaften wird sich im Zuge der Einführung von Robotertechnik und künstlicher Intelligenz in alle Bereiche des gesellschaftlichen Lebens verstärken.

- Der Wettbewerb zwischen Unternehmen und ganzen Volkswirtschaften führt zur Herausbildung weltweit agierender Monopole und einer Machtkonzentration im Wirtschafts- und Finanzbereich. Das Primat der Politik verliert zunehmend an Durchsetzungskraft.

- Die komplette Beibehaltung der Systemorganisation, insbesondere das Festhalten an der abgabebasierten Umverteilung und der bisherigen Zins- und Geldpolitik, führt zum unvermeidbaren Zusammenbruch einer jeden profitorientierten Volkswirtschaft. Zuerst werden die schwächeren und dann die stärkeren Volkswirtschaften im ökonomischen und sozialen Chaos versinken, wenn keine Änderungen an der Systemorganisation vorgenommen werden.

- Soziale Gerechtigkeit im Sinne von Chancengleichheit und sozialer Sicherheit als nachhaltiges Allgemeingut ist in einer profitorientierten Marktwirtschaft aus objektiven Gründen ausgeschlossen.

- Ökonomische Missstände können in einer profitorientierten Volkswirtschaft nicht über ein Wirtschaftswachstum nachhaltig behoben werden.

- Profitorientierte Marktwirtschaften geraten im Laufe ihrer Entwicklung in eine paradoxe Situation. Durch die anhaltende Steigerung der Arbeitsproduktivität werden immer weniger Arbeitskräfte zur Herstellung eines riesigen Warensortiments benötigt, während die Kaufkraft in der Volkswirtschaft und die Einnahmen des Staatskomplexes ständig fallen. Dieser Prozess macht sich in schwachen Volkswirtschaften sehr schnell bemerkbar, während er in starken, exportorientierten Volkswirtschaften mit Verzögerung eintritt.

- Die sozio-ökonomische Ungleichheit zwischen den Volkswirtschaften der Welt wird sich zunehmend verschärfen. Nationalismus, Chauvinismus und Populismus werden verstärkt in den Vordergrund treten. Die Gefahr kriegerischer Auseinandersetzungen wächst.

- Die Anzahl der Volkswirtschaften in der Welt, die in eine wirtschaftliche Rezession geraten, wird zwangsläufig zunehmen, wobei zwischenzeitlich die eine oder andere Volkswirtschaft ein länger anhaltendes Wachstum aufweisen kann.

- Die ökonomischen Widersprüche und Interessenskonflikte zwischen den führenden Volkswirtschaften der Welt werden sich verschärfen.

- Die Schere zwischen Arm und Reich wird sich weiter öffnen, was eine Zunahme sozialer Spannungen zur Folge hat.

- Um die sozio-ökonomischen Missstände in einer profitorientierten Volkswirtschaft dauerhaft zu beheben fehlt es an Geld, dass im Rahmen einer profitorientierten Volkswirtschaft aus objektiven Gründen nicht im erforderlichen Umfang bereitgestellt werden kann, wenn sich der Staat nicht maßlos bis zum Zusammenbruch verschulden will.

- Die Weltwirtschaft ist eine geschlossene Volkswirtschaft, so dass die in Abschnitt 10.1 getroffenen Aussagen (s. S. 30) über die Entwicklungstendenz geschlossener Volkswirtschaften voll auf die Weltwirtschaft zutreffen.

- In der Ökonomie ist es wie im Umweltschutz. Entweder wir lösen die anstehenden Probleme gemeinsam oder die Menschheit hat keine Chance auf eine lebenswerte Zukunft.

12 Der ausstehende Paradigmenwechsel

Die Herausbildung der profitorientierten Volkswirtschaft als ökonomische Organisationsform war ein natürlicher Langzeitprozess, der objektiven Gesetzmäßigkeiten unterworfen war. Wenn Sachgüter auf dem Markt über Angebot und Nachfrage ausgetauscht werden, stehen die Anbieter gleichartiger Sachgüter sofort in Konkurrenz zu einander. Mit Zunahme der Arbeitsteilung, die eine Erweiterung des Sachgütersortiments und der produzierten Mengen ermöglichte, gerät ein Naturaltausch über Angebot und Nachfrage sehr schnell an seine Grenzen und zwingt zur Einführung eines allgemein anerkannten und akzeptierten Tauschmittels, dessen Stückelung ohne Werteverlust beliebig festlegbar ist und das fälschungssicher und unbefristet aufbewahrt werden kann. Ein solches Tauschmittel ist das Geld in Form von Münzen und Papiergeld, dem eine besondere Bedeutung bei der Umgestaltung der Systemorganisation der profitorientierten Volkswirtschaft zukommt, wie wir gleich sehen werden.

In „Ratio versus Profit" und „Gestaltung einer rationalen Marktwirtschaft"[9] habe ich Vorstellung zur Umgestaltung einer profitorientierten in eine rationale Marktwirtschaft entwickelt, in der umfassende Freiheit des Einzelnen und soziale Gerechtigkeit nachhaltig gewährleistet werden sowie Dynamik und Effektivität einer profitorientierter Marktwirtschaften bei der Entwicklung und Einführung von Sachgütern und Dienstleistungen erhalten bleiben. Dazu ist die Neu- bzw. Umgestaltung der Systemorganisation so vorzunehmen, dass

- jederzeit für gesamtgesellschaftliche Maßnahmen die erforderlichen finanziellen Mittel zur Verfügung stehen,

- Langzeitarbeitslosigkeit vermieden wird,

- das Recht auf Arbeit gesetzlich festgeschrieben werden kann,

- soziale Gerechtigkeit zum Alltag der Gesellschaft gehören,

- die erforderlichen Umgestaltungsmaßnahmen von der überwiegenden Mehrzahl den Mitgliedern des Gemeinwesens akzeptiert werden,

- die Freiheit des Einzelnen gewahrt wird,

- der Gesamtprozess auf demokratischer Basis vollzogen wird.

Ein Paradigmenwechsel, der diese Anforderungen erfüllt, hat aus meiner Sicht folgende Maßnahmen zur Voraussetzung:

- Ausnahmslose Durchsetzung des Primats der Politik unter dem Aspekt: Gemeinnutz geht vor Eigennutz.

- Monopolisierung der Geldwirtschaft in den Händen der Gemeinwesens.

---

[9]Walter Ponner, „Ratio versus Profit" 2016; tredition GmbH, Hamburg
   Walter Ponner, „Gestaltung einer rationalen Marktwirtschaft" 2017; tredition GmbH, Hamburg

- Zinslose Gestaltung der Geldwirtschaft.

- Unterbindung jeglicher Art von Spekulationsgeschäften in der Wirtschaft.

- Anpassung des Steuerrechts an die neuen ökonomischen Gegebenheiten, so dass sich ein Engagement in Wirtschaft und Gesellschaft für den Einzelnen lohnt.

- Vermeidung von Lobbyismus.

- Strafrechtliche Verfolgung von Korruption.

- Neugestaltung der Umverteilungsprozesse.

- Entscheidungsträger in den Verwaltungsorganen des Gemeinwesens müssen Ihre Eignung für die jeweilige Funktion gegenüber einem gewählten Gremium nachweisen. Sie müssen jederzeit von ihren Funktionen entbunden werden können, wenn sie den vom Gemeinwesen gestellten Anforderungen nicht gerecht werden.

- Breite Zulassung von privatwirtschaftlich organisierten Wirtschaftseinheiten in jenen Produktions- und Dienstleistungsbereichen, in denen ein sinnvoller wirtschaftlicher Wettbewerb angezeigt ist.

- Verwaltung ausgewählter, insbesondere systemrelevanter Wirtschaftsbereiche im Produktions- und Dienstleistungsbereich durch das Gemeinwesen.

- Strikte Berücksichtigung von Anforderungen an den Umweltschutz bei der Vorbereitung und Durchführung wirtschaftlicher Maßnahmen, die die Umwelt berühren.

- Vermeidung von Monopolbildungen im Produktions- und Dienstleistungsbereich.

- Begrenzung der Unternehmensgrößen auf ein solches Maß, dass Insolvenzen keine gesamtgesellschaftlichen Auswirkungen hervorrufen können.

Eine solche Neu- bzw. Umgestaltung der Systemorganisation gestattet u.a. die Verankerung folgender Rechte in der Gesetzgebung:

- Garantiertes Recht auf Arbeit.

- Verpflichtung aller arbeitsfähigen Personen einer Erwerbstätigkeit nachzugehen, wenn sie anderenfalls dem Gemeinwesen zur Last fallen würden.

- Garantiertes Recht auf kostenlose Aus- und Weiterbildung in allen Bereichen des Bildungswesens.

- Garantiertes Recht auf kostenlose Betreuung der Kinder in Kinderkrippen und Kindergärten.

- Festlegung von Mindestlohn, Mindestrente und sozialen Fördermaßnahmen in einer solchen Höhe, dass allen Mitgliedern des Gemeinwesens eine individuelle Teilhabe am gesellschaftlichen, kulturellen und politischen Leben ermöglicht wird.

An dieser Stelle sei daran erinnert, dass in den Volkswirtschaften des ehemaligen Ostblocks das Privateigentum an Produktionsmittel abgeschafft wurde, um u.a. auf dieser Grundlage eine gesellschaftsweite, nachhaltige und soziale Gerechtigkeit zu ermöglichen. Die Ursachen für das Scheitern dieser Bestrebungen habe ich aus meiner Sicht in „Gestaltung einer rationalen Marktwirtschaft" dargelegt. Wichtig ist festzustellen, dass sich auch in solchen Volkswirtschaften Arbeitsproduktivität und Arbeitskräftebedarf umgekehrt proportional zueinander verhalten, so dass auch hier die Freisetzung von Arbeitskräften unvermeidlich ist. Außerdem zog die Vergesellschaftung der Produktionsmittel die Planwirtschaft nach sich, die gegenüber effektiven profitorientierten Marktwirtschaften in vieler Hinsicht nicht konkurrenzfähig war und auch nicht sein konnte. Andererseits stellt sich, wie wir gesehen haben, das Privateigentum an Produktionsmitteln in einer profitorientierten Marktwirtschaft ab einer bestimmten Entwicklungsstufe der Produktivkräfte selbst in Frage.

Die Abschaffung des Privateigentums an Produktionsmitteln ist keine Voraussetzung für den anstehenden Paradigmenwechsel. Freiheit des Einzelnen, soziale Gerechtigkeit und dynamische Entwicklung der Volkswirtschaft können über eine demokratische Umsetzung der obigen Maßnahmen erreicht werden.

Von fundamentaler Bedeutung für diesen Umgestaltungsprozess ist das uneingeschränkte Primat der Politik, die zinslose Gestaltung der Geldwirtschaft und deren Monopolisierung in den Händen des Gemeinwesens sowie die Unterbindung jeglicher Art von Spekulationsgeschäften in der Wirtschaft. Wie diese Umgestaltung im Einzelnen vollzogen werden könnte, habe ich in „Ratio versus Profit" und „Gestaltung einer rationalen Marktwirtschaft" grob umrissen.

In der Ökonomie ist es wie im Umweltschutz. Entweder die Völker dieser Erde lösen die anstehenden Probleme gemeinsam und im gegenseitigen Einvernehmen unter konsequenter Beachtung der Anforderungen an den Umweltschutz, oder der Menschheit ist keine lebenswerte Zukunft beschieden. Eine fundamentale Voraussetzung für eine erfolgreiche Entwicklung der Menschheit ist die Anerkennung eines allgemein gültigen Bezugssystem bei Entscheidungsfindungen in den unterschiedlichsten Bereichen des menschlichen und gesellschaftlichen Seins. Als ein solches Bezugssystem ist der Begriff „Freiheit" geeignet. Freiheit ist für mich ein Synonym für die Handlungsfreiheit des Einzelnen bzw. von Personengruppen in allen Lebensbereichen des Gemeinwesens, insofern einem Anderen kein Schaden zugefügt und die Interessen des Gemeinwesens sowie die Anforderungen an den Umweltschutz nicht verletzt werden. Die Umsetzung und lebendige Aufrechterhaltung dieser Freiheitsauffassung hat die gesellschaftsweite Anerkennung, konsequente Beachtung und Einhaltung von Rahmenbedingungen und Verfahrensweisen des gesellschaftlichen Zusammenlebens zur Voraussetzung, die ich in Ihrer Gesamtheit als Demokratie bezeichne. Ein Gemeinwesen strebt erst dann nach Gerechtigkeit, wenn Chancengleichheit und Freiheit zur allgemeinen Lebensmaxime des Gemeinwesens erhoben und durchgesetzt werden.

Zeitfracht Medien GmbH
Ferdinand-Jühlke-Straße 7
99095 Erfurt, Deutschland
produktsicherheit@kolibri360.de